——新课程背景下教师必备基本

指导学生有效学习的策略

ZHIDAOXUESHENG
YOUXIAOXUEXI
DECELUE

刘霖芳　孙大力◎编著

吉林文史出版社

图书在版编目(CIP)数据

指导学生有效学习的策略／刘霖芳,孙大力编著. ——
长春:吉林文史出版社,2013. 2（2021.6重印）
（新课程背景下教师必备基本功系列）
ISBN 978 - 7 - 5472 - 1468 - 8

Ⅰ. ①指… Ⅱ. ①刘… ②孙… Ⅲ. ①中小学生 - 学
习方法 Ⅳ. ①G632. 46

中国版本图书馆 CIP 数据核字(2013)第 034671 号

新课程背景下教师必备基本功系列

指导学生有效学习的策略

ZHIDAOXUESHENG YOUXIAOXUEXI DE CELUE

编著/刘霖芳　孙大力

责任编辑/高冰若

封面设计/小徐书装

出版发行/吉林文史出版社

地址/长春市福祉大路5788号

邮编/130118

网址/www. jlws. com. cn

印刷/三河市燕春印务有限公司

开本/710mm×1000mm　1/16

印张/14　字数/150 千字

版次/2013 年 1 月第 1 版　2021年 6 月第 3 次印刷

书号/ISBN 978 - 7 - 5472 - 1468 - 8

定价/39. 80 元

前 言

在教育过程中，教师和学生同为主体，教师是"教"的主体，学生是"学"的主体，高质量的教育是师生共同努力的结果。因此，教师在注重提高自身学识、修养的同时，也要注重提高学生的学习能力，只有调动起学生学习的积极性、主动性，才能真正促进学生学业的进步。联合国科教文组织在《教育——财富蕴藏其中》一书中提出 21 世纪教育的四大"支柱"是学会学习、学会做事、学会合作、学会生存。因此，在教育过程中，教师不仅要传道、授业、解惑，还应当成为学生学习与发展的指导者。教师要根据培养目标，帮助受教育者确定学习动机，激发学习兴趣，选择学习方法，确立努力方向，给学生以咨询、指导的作用，促进学生有效、高效地学习。

那么什么是有效学习呢？有效学习是指符合教育规律及自身特点的学习，帮助学生花更少的时间，收获更多的知识，达到事半功倍的效果。有效学习应该使学习变得更有趣，而不是枯燥乏味；有效学习应该是能触类旁通、举一反三，而不是搞题海战术。

怎样才能让学习变得高效呢？那必须掌握一定的学习策略。学习策略与通常所说的学习方法有相同之处，但并不完全等同。学习方法是学习者在完成学习任务过程中相对固定的行为模式，如记笔记、分类和比较等，它是外显的、可操作的过程。学习策略指学习者在完成特定学习任务时，选择、使用和调控学习程序、方法、技巧等的思维模式，这种模式是影响学习进程的各种因素间相对稳定的联系。学习策略是学习者对学习方法选择和综合运用的意识和倾向，是学习方法正确发挥作用的必要条件。可见，学习方法是学习策略的基础，没有学习方法或者学习方法缺乏就不可能形成较高水平的学习策略。而学习策略是伴随着学习者的学习过程而发生的一种心理活动，这种心理活动是对学习过程的安排，这种安排不是固定的，而是根据影响学习过程的各种因素即时生成的一种不稳定的认知图式。

按照新知识理论的说法，知识包括三个方面的内容，即陈述性知识（关于是什么的知识）、程序性知识（关于为什么的知识）、策略性知识（关于怎么做的知识）。学习和其他工作一样，需要讲究策略。有效学习策略是指学习者为了提高学习的质量和效率，针对一定的任务，主动去采用的有助于学习的一种规则和操作技能。本书构建了一个指导学生有效学习的策略体系，帮助教师在教学与学习的互动中，使学生迅速建立有效的学习策略，使学生主动学习、有效学习，最终学会学习，为实现终身学习奠定良好的基础。

本书共分为五章。前三章主要论述了教师在教育过程中应怎样培养学生具有良好的学习品质、学习习惯及学习能力，这三方面是一个学习者进行有效学习的基础。但是"授人以鱼，不如授人以渔"，教师的"教"应最终落实到学生主动性的发挥中，因此，第四章和第五章分别论述了如何提升学生的自主学习能力以及如何指导学生选择合适的学习方法。

本书在编撰过程中，参考和借鉴了很多学者的研究成果，有的已在书中注明，有的可能由于疏忽未注，在此一并表示感谢。书中如有缺点和错误，诚恳地欢迎广大读者批评、指正。

编　者

2012年11月

目 录
contents

第一章　培养学生学习品质的策略

学习品质是指个体在学习中形成并在学习活动中表现出来的、影响学习效果的稳定的心理倾向或个人特征。学习品质与学习行为有着十分密切的联系，学习品质是决定学习行为的心理基础，即学习者在学习上所表现的行为倾向和特点是受学习品质制约的；同时，学习品质也是在一定的学习行为基础上形成的。因此，学习品质的形成和学习行为的完善是互为条件的。良好的学习品质能保证知识水平的充分提高和学习能力的充分发展，会使人受益终生。现代社会注重对学生自主学习能力的培养，要使学生学会学习，就必须注重对学习动机、学习兴趣、学习意志力等良好的学习品质的培养。培养学生具有良好的学习品质的目的是使学生能在主动、多样、个性层面上不断发展，掌握良好的学习方法，提高学习效率，做学习的主人，从学会学习进而为终身学习打好基础。

第一节　激发学习动机

一、什么是学习动机

(一) 学习动机的内涵

动机是指引起和维持个体的活动的倾向，它不同于来自外界刺激的作用，动机是一种内部心理过程。人类各种各样的活动总是由一定的动机引起的，可以说没有动机就没有行动，学习活动也不例外。学习动机是指激励并推动学生进行学习活动的一种动力，是激励和指引学生进行学习的一种需要。学习动机一旦形成，它对学生的学习内容具有指向性的作用，并且对学习过程中保持良好的专注状态和兴趣水平具有维持作用，能增强学生在学习中克服困难的意志力。可见，在教学过程中，教师通过采取一定的手段，激发和培养学生的学习动机是十分重要的，也是提高教育和教学质量的前提与保证。

根据学习动机的内外维度，可将学习动机分为内部动机和外部动机。内部动机是指学习者基于对自身的内在要求所引起的动机，例如，本能、需要、驱力等。内部动机不需要外界的诱因、奖惩来促使产生学习行为，因此具有更大的积极性、自觉性和主动性，对学习活动产生的影响也更大、更为持久。外部动机是指学习者由外部诱因所引起的动机，这时学生不是对学习本身感兴趣，而是对学习所带来的结果感兴趣。诸如达到一定的目标，获得父母、老师的表扬以及得到物质奖励等，这些由外在力量激发产生的动机，可以称为外部动机。外部学习动机与内部学习动机相比，主要受外在诱因的影响，一旦诱因发生了变化，例如失去了物质奖励的刺激，那么外部学习动机的强度也随之变化，如果不及时、有效地调节外部动机，则有可能会影响学习效果。在同一时期，个体可能是多种动机并存，而这些不同性质的动机，可以对个体具有不同的意义，产生强度不同的推动力量。

因此，学生的学习动机不同，学习行为的强度、持久度就存在较大差异。具有内部学习动机的学生，具有强烈的求知欲望，因而在学习中表现出更强的积极性、主动性，他们在教师布置学习任务、作出评价之前，就能对自己的学习表现进行规划。而具有外部动机的同学一旦达到了目的，比如获得了表扬或奖励后，学习动机则会下降。同时，为了获得认可或奖励，具有外部动机的学生往往喜欢选择容易成功的任务，也可能会因一两次失败，没有得到所需，而选择放弃或从此一蹶不振。因此，引导学生在学习方面由外部动机转化为内部动机，是保持良好的学习状态和持久的学习行为的必要条件。

(二) 学习动机与学习行为、学习效果的关系

1. 学习动机与学习行为

学习动机与学习行为密切相关，学习动机是推动个体学习行为活动的直接动因。当个体出现某种较强的动机后，就会表现出一系列的活动，通过其行为活动，来达到最终目的。学习动机是产生学习行为的原因，学习行为是学习动机的外在表现。心理学研究表明，在一般情况下，优等生的学习动机较广，水平也较高，表现出较多类型的学习行为；而差等生的学习动机范围比较窄，水平也较低，表现出较少种类的学习行为。

但是学习动机与学习行为之间的关系并不是简单的一对一的关系，而是一种复杂的关系。这表现在以下方面，首先，学习动机不一定导致学习行为的发生。因为学生的学习行为受多方面因素的影响，其中学习动机是主要促动因素，但也与学生的个人的价值观、学生的态度、学生的志向水平以及外来的鼓励紧密相连。其次，有的学生虽表现出一定的学习行为，但实际上并没有学习动机，究其原因，有可能是迫于家长和教师的监督，学习者不得不表现出来的一种假象。另外，同一学习行为也受多种学习动机驱使，既可能是受内在动机，如强烈的求知欲、成就感的促动，也可能是受外在学习动机，如学得好可以获得奖赏、赞扬的驱使。

因此，对于学习动机与学习行为不一致的情况要具体问题、具体分析。我们不能因为有的学生表现出的学习行为就认为他们已具有一定的学习动机，也不能期待具有正确学习动机的学生一定表现出良好的学习行为。分析学习动机与学习行为不一致的原因，使其渐趋一致，激发或培养良好、适度的学习动机，表现更多更好的学习行为，是教师的重要任务。

2.学习动机与学习效果

学习效果则是指学习者经过一定时间的学习，对学习活动最终掌握的程度与效果。举个例子来说，我们学习一篇古诗，学习了一天后，我们都已经会背了，有些同学还能理解诗句所表达的意蕴，那么会背以及深层次的理解就是我们在用一天的时间学习这首古诗的学习效果。学习动机是影响学习效果的重要因素，学习动机通过影响学习行为进而对学习效果产生影响。学习动机与学习效果之间的关系不是直接的，而是间接的。学习行为是学习动机和学习效果的中介变量，即学习动机通过学习行为影响学习效果。

一般而言，学习动机的强弱与学习效果的好坏是一致的。强烈的进取心、旺盛的求知欲与良好的学习效果是相辅相成的。学习动机使学习者具有明确的学习目标，知道自己为什么而学习，朝哪个方向努力。动机水平与学习效果之间的关系并不是简单的直线关系。但是学习动机强度与学习效果并不完全成正比。一般情况下，学习动机越强，学习就越努力、越积极，学习效果就越好。但是如果学习动机过于强烈，往往会导致学生处于高度紧张的学习状态下，这样会影响学生正常的智力活动，降低思维效率。因此，过高或过低的学习动机都不会取得好的效果，适中的学习动机强度才能取得最佳的效果。动机不足或过分强烈，都会使工作效率下降。心理学家耶克斯和多德森的研究表明，各种活动都存在一个最佳的动机水平。学习动机也存在一个动机最佳水平，即在一定范围内，学习效率随学习动机强度增大而提高，直至达到学习动机最佳强度而获最佳，之后则随学习动机强度的进一步增大而下降。动机的强度适中，对学习具有较适宜的促进作用，学习效率也高。

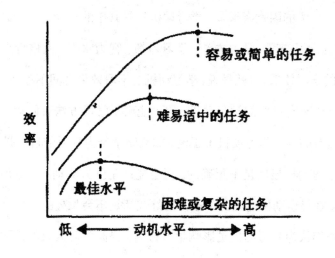

图 1—1　耶克斯－多德森定律曲线

　　研究还发现,动机的最佳水平随任务性质的不同而不同。在比较容易的学习任务中,学习效率随动机的提高而上升;随着学习任务难度的增加,学习动机最佳水平有逐渐下降的趋势。也就是说,在面对难度较大的学习任务时,较低的学习动机水平有利于任务的完成。因此,中等强度的动机最有利于任务的完成。

　　其次,学习效果也往往会反过来影响学习动机,学习效果的好坏也往往可以加强或削弱原有学习动机。学生在学习过程中求知欲得到了满足,产生了积极的情绪体验,获得了自我实现的成就感,这时其原有的学习动机就可能得到进一步的加强;反之,则可能减弱或动摇其原有动机。由此可见,学习效果对学习动机反作用的强弱,与学生原有动机的正确性和强度密切相关,也与学生其他心理品质有一定的关系。例如,一个有着乐观态度、坚定意志力的学生,即使一段时间的学习效果不理想,但也不足以动摇其原有的学习动机,甚至可能使其越挫越勇,更加努力地去学习。

　　学习动机是取得良好的学习效果的直接动力。学习动机与学习效果之间存在着必然性。一般来说,学习动机好,学习效果则好;学习动机不好,学习效果也不好。

但是学习动机与学习效果的关系不是直接的，它们之间往往以学习行为作中介，而由于影响学习行为的因素有很多，学习动机只是其中的一个原因，学习行为还受到诸如学习者的学习态度、学习方法、学习习惯、智力水平、人格特点等的影响，最终导致不同的学习效果。也就是说，学习动机与学习效果之间不存在绝对的必然性。例如，有的学生具有良好的学习动机，但可能由于学习方法有问题，则导致学习效果不好；或是有的学生学习动机不正确，如某同学努力学习的目的是为了挖苦其他同学，这种学习动机显然是不正确的，但也能产生强大的动力，取得好的成绩。但是无论如何，在错误动机的支配下取得的好成绩是不会长久的。

因此，我们认为学习动机是影响学习行为、提高学习效果的重要因素，但不是取得良好学习效果的唯一条件。因此，在学习中，激发学生的学习动机固然重要，但也应当重视改善各种主客观条件，共同作用于学习者，优化其学习行为，最终达到提高学习效果的目的。

斯迪帕特(Stipet，1998)认为，教师应经常通过观察来有意识地注意识别学生可能存在的动机问题。以下是他提出的教师应该经常观察的现象：

(1) 学生是否注意教师？

(2) 课堂上是否主动回答问题？

(3) 能否迅速开始某项活动？

(4) 注意力能否维持到任务最后完成？

(5) 能否坚持自己解决问题，不轻易放弃看上去较难的问题？

(6) 能否自觉地学习？

(7) 当确实需要他人帮助时，他提出这种要求了吗？

(8) 能否按时交作业？

(9) 能否顺利完成任务？

（10）允许选择时，即使有失败的可能，他能否选择具有挑战性的任务？

（11）能否接受学习新东西时难免产生错误之类的观点？

（12）当从事不同的学习任务但需要相似的学习能力时，他是否有相似的表现？

（13）他的考试成绩与平时成绩是否一致？

（14）他是否参与课外的一些学习活动？

（15）学习时是否显得快乐、自豪、热情和投入？

（16）能否跟得上教师的教学与辅导？

（17）即使成绩很好，他是否仍很努力地去改善？

（18）能否主动地选择具有挑战性的学习活动？

（19）在没有奖励或评定时，他能否努力地去学习？

通过回答上述问题，教师对学生的动机状况会有一个较全面的了解。当然，教师既要观察所有的学生，同时也要观察同一学生在不同学习活动中的表现，以便全面了解学生的学习动机情况。

二、学习动机的作用

较强的学习动机可以激发学习兴趣、增强学习积极性、集中学习注意力以及提高学习的意志，通过以上种种来促进学习。具体说来，学习动机的作用主要表现在以下几个方面：

（一）引发对知识的渴求

当学生对学习某些知识和技能产生迫切的学习需求时，就会引发学习动机，而这种动机属于内部动机，是基于对知识本身的兴趣产生的。由学习动机产生的对知识学习的焦急、渴求等心理感受，并最终引起学习的行为。

案例1-1 物理课"串联电路中的电功率跟电阻成正比"

教师出示问题：100W和200W两个灯泡，接入电路后哪个亮些？学生根据已有的知识经验，做出了200W比100W灯泡亮的回答。此时教师演示，当学生亲眼目睹100W比200W亮时，他们由惊奇感到困惑，由困惑到急于求解，激发了学生强烈的学习动机，进而引发学生的学习行为，并且增强了学习行为的持久度，最终取得了良好的学习效果，并且加强了书本知识与生活的联系。

(二)为学习树立一定的目标

学习动机是以学习期待为出发点的，具有学习动机的个体在学习行为的开始阶段，就指向一定的学习目标，并促使自己的学习行为为达到这一目标不断努力学习。学习动机决定了个体在某一活动中所投入的努力的多少，学习动机越强，学习热情越高，学习也就越努力。

案例1-2 失去目标使她失去了前进的动力

1952年，世界著名的游泳好手弗洛伦丝·查德威克从卡德林那岛游向加利福尼亚海滩。两年前，她曾经横渡过英吉利海峡，现在她想再创一项纪录。这天，当她游进加利福尼亚海岸时，嘴唇已冻得发紫，全身一阵阵地颤动。她已经在海水里泡了16个小时。远方，雾霭茫茫，使她难以辨认伴随着她的小艇。查德威克感到难以坚持，她向小艇上的朋友请求："把我拖上来吧。"艇上的人们劝她不要向失败低头，要她再坚持一下。"只有一英里远了。"他们告诉她。浓雾使她难以看到海岸，她以为别人在骗她。"把我拖上来。"她再三请求着。于是，冷得发抖、浑身湿淋淋的查德威克被拉上了小艇。后来，她告诉记者说，如果当时她能看到陆地，她就一定能坚持游到终点。大雾阻止了她去夺取最后的胜利。失去了目标，使她失去了前进的动力。两个月后，查德威克又一次尝试着游向加利福尼亚海岸。浓雾还是笼罩在她的周围，海水冰凉刺骨，她同样望不见陆地。但这次她坚持着，她知道陆地就在前方。她奋力向前游，因为陆地在她的心中。

(三) 增强学习的持久性

在学习过程中，学习动机的水平高低决定了学生在多大程度上能主动地从事某种活动并坚持下去。有心理学家的实验表明，完成某项具体学习任务所需的时间与对该项任务的动机水平呈正相关。因此，学习动机水平高的学生能在较长时间内保持认真的学习态度和长久的学习意志力，反之，学习动机水平低的学生则表现为较难持久、稳定地进行学习活动。

案例1-3　卡尔·刘易斯主持的"立宪会议"

卡尔·刘易斯给十年级的学生上美国历史课，在上课铃响之前同学们早已在座位上了，大家都急切地等待上课，但是，迟迟看不到刘易斯先生的身影。

上课铃响两分钟之后刘易斯装扮成乔治华盛顿的模样走了进来，他完全是18世纪的装束。头戴假发，手拿木槌，他庄重地坐下，敲了一下木槌，然后说："现在，我开始主持立宪会议。"为了这一天，学生们已经准备了好几周，每组由2—3名学生组成。各组分别代表原来的13个州。每个小组尽可能多地了解自己所代表的州、殖民地时代、美国独立战争和联邦条例下的美国等有关内容。两天前，刘易斯先生曾对每个小组进行了个别指导，告诉他们每个州对于一些重要问题的立场，例如，新泽西州和特拉华州的代表们认为，人数少的州在政府中也应有充分的代表，而纽约州和弗吉尼亚州的代表们则坚持认为，应严格按照人口比例来确定代表。准备这场讨论时，每个代表团都必须保证其成员能够代表整个团体的意见，为此，刘易斯先生给每个学生随机发了一个数字，数字从1到3，当要求某一代表团发言时，刘易斯先生喊一个数字，那么持有该数字的学生就要代表小组发言，刘易斯先生扮演成华盛顿，他首先对所讨论问题的重要性做了一番解释，然后宣布开始讨论。

在讨论的过程中，每个代表团都有机会进行讨价还价的交易，投票赞成其他州在一些重要问题上的立场，因而换取其他州对自己州的支持。周末，刘易斯先生主持会议，对10个重要的问题进行了表决。表决结束后，课铃敲响了，学生们涌向餐厅，此时他们还在继续争论着税收、代表权、行政部门的权利等问题。

（四）调节学习行为

学习动机是指向一定的学习目标的，当学习活动展开后，还未达到既定的学习目标，在学习动机的驱动下，学生会通过调整自己的学习方法、学习时间及学习强度等方式，来调整自己的学习行为，目的是能够达到预期的学习目标。因此，良好的、适当的学习动机有利于促进学习行为的改善，提高学习的能力。

三、学生学习动机的激发与培养

学习动机的激发是指在一定教学情境下，利用一定的诱因，使已形成的学习需要由潜在状态变为活动状态，形成学习的积极性。那么，在实际教学中，教师应如何激发学生的学习动机，使他们那种潜在的学习愿望变成实际的主动学习的行为呢？

（一）以新颖的教学内容及多样的教学方式吸引学生

1. 以生动有趣的教学内容吸引学生的注意力

教师对教学内容的讲授，如果只是完全照抄照搬书本，则过于死板，难以吸引学生的注意。因此，教师应结合所教科目，有意识地对教学内容进行创编，使其能够激发学生的学习兴趣，吸引人的注意力。将书本理论与实际生活相结合，是使知识变得生动有趣的方法之一。

案例1-4　英语课"Halloween（万圣节）"

在讲授"Halloween（万圣节）"一词时，可以对此单词进行关于西方传统节日的文化解读，万圣节是每年的11月1日，万圣节的一个有趣内容是"Trick or treat（不给糖就捣乱）"，打扮成鬼精灵模样的孩子们发出"不给糖就捣蛋"的威胁。另外，每家都要在门口放很多南瓜灯，如果不请客（不给糖），孩子们就踩烂他的一个南瓜灯。也可以让同学们制作一些万圣节的道具，在万圣节的前一天，即万圣节前夜（10月31日）开展一场别开生面的活动，加深学生对这个节日的了解，也使得本堂课的教学内容变得十分丰富有趣。

但追求教学内容新颖性的同时，要注意不能为了片面求新，忽视了学生对教材内容的掌握以及学生内在学习动机的激发。

2. 利用多样的教学方式唤起学生的学习热情

教师在课堂教学中应采取灵活多样的教学方式来激发学生的好奇心和学习的热情。首先，可以通过创设问题情境，引起学生对学习的兴趣。问题情境就是一种适度的疑难情境，创设问题情境是开展启发式教学的先决条件。想要激起学生对学习新知识的好奇心，就必须从实际生活出发来创设情境，这样不仅有利于学生理解问题情境中的问题，又能体验到各科知识在生活中是无处不在的，从而培养学生的观察能力和初步解决实际问题的能力。

案例1-5　创设问题情境实例

在初中数学课学习统计知识时，可以让学生对周围最感兴趣的一件事情进行调查，比如，学生喜欢喝什么牌的牛奶，班上同学最喜欢的兴趣小组是什么等。根据调查情况，制作统计表，从制作的统计图中，可以得出哪些结论？又比如在物理课中，针对教学中碰到的实际情况创设问题情境，如为什么同学们坐在行驶的火车上向外看时，发现车窗两旁树木都向后退去？为什么海水看上去是蓝色的，而用工具盛起来却是无色的，等等。

其次，教师可以考虑在讲授课程时，积极引导学生开展研究性学习及综合实践活动，让学生们通过调查研究、查找学习资料、小组合作等方式来进行新知识的学习。另外，教师还可以利用多媒体丰富教学方式。如应用多媒体教学可以用仿真的多媒体课件帮助植物实验，在讲解动物成长发育过程时，就能很轻易突出重点、突破难点。

案例1-6　植物光合磷酸化作用

"光合磷酸化作用"既是教学的重点，也是教学的难点。假如采取传统的挂图形式来讲授其过程，固然也能强调重点、难点，但缺少直观性，学生就很难设想这个持续的进程到底是如何产生的，只能死记硬背，学习兴趣不高，学习效率低。而如果老师将光合磷酸化作用制成Flash动画，利用形象的动画演绎，将使学生理性认识增强，理解透辟，不仅冲破了教学重点，还轻松化解了教学难点，增进了学生对新常识的了解并促进了学生意识策略的发展。

再如用幻灯片来展示化学反应过程，通过视频材料的展示来体会古诗的意境等，都会使学生感到眼前一亮，这种灵活多样的教学方式会引发学生对学习的热情。

（二）利用反馈信息，给予恰当评定

心理学研究表明，学习结果的及时反馈（包括作业的正误、成绩的好坏及运用知识的效果）对学习效果有明显影响。这是因为，一方面学习者可以根据反馈信息调整学习活动，改进学习策略；另一方面学习者为了取得更好的成绩或避免再犯错误而增强了学习动机，从而保持了学习的主动性和积极性。

案例1-7　"反馈"的作用

在心理学家的一项研究中，让学生又快又准确地练习减法，每次练习30秒，共练习75次。在前50次练习中，让甲组学生知道每次练习的结果，不断鼓励和督促他们继续努力，并对所犯错误进行分析，而对乙组学生不进行反馈，结果甲组学生的成绩比乙组的好。在后25次练习中，给予乙组充分的反馈信息，而甲组学生不知道学习结果，结果乙组学生的成绩比甲组的好。

这一实验说明，有关学习结果的反馈信息，对学习动机具有激发作用，有利于提高学习成绩。学习结果的反馈要注重时效性，如果周一进行的单元测验，可是等到下周五才进行反馈，那么反馈的信息价值和激励价值都会大打折扣。有些老师在督促初中生努力学习时，常常会说"如果你现在不好好学习，将来就考不上大学"，这也是信息反馈的一种，但这种反馈往往对促进学生学习没有任何效用，主要原因也是当下的学习与考大学之间的间隔过长，学习的目标太远，上大学这种反馈要好几年才能得到，因此在引发学习动机方面收效甚微。

在对学生进行信息反馈时，经常用到的就是评定。所谓评定，是指教师在分数的基础上进行的等级评价和评语。等级评价指教师根据分数作出优、良、中等评级，但单纯使用评级来作为反馈的形式，一方面不利于学生发现学习问题所在，找不到再次提高的方向；另一方面如果过分强调等级评定，会导致学生因看重等级而进行学习，抑制了学生的内在学习动机。因此，等级评定应与具体、有针对性的评语相结合，这样才能对学生的学习产生促动，激发学生的内在学习动机。

美国心理学家佩奇（E.B.Page）曾对74个班的2000多名学生的作文进行过研究。他把每个班的学生分成三组，分别给予三种作文记分方式。第一组的作文只给甲、乙、丙、丁一类的等级，既无评语也不指出作文中存在的问题。第二组给予特殊评语，即不仅给予等级，而且给评语，但获得同一等级的作文的评语是一样的，不同等级的评语不一样。例如，对甲等成绩，评语为"好，坚持下去"；对乙等成绩，评语为"良好，继续前进"等。第三组除评定等级外，还给予顺应性评语，即按照学生作文中存在的问题加以个别矫正。结果表明，三种不同的评语对学生后来的成绩有

不同的影响。在开学时，学生作文水平差不多，但到期末时，发现作文水平的提高

程度不一致。

实验结果如图所示：

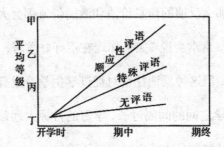

图1-2　教师评语对学生成绩的影响

从上图可以看出，顺应性评语针对学生的个别差异，效果最好；特殊评语虽有激

励作用，但由于未针对学生的个别特点，所以效果不如顺应性评语；而无评语的成绩

则明显低于前两者。从这个实验中可以发现，评定是必要的，关键在于采用什么方式

进行评定。通过评定等级可以表明学生进步的多少，即评定的分数或等级并非表明个

体的能力，而是其进步快慢的指标。让学生明白等级评定的作用，并且教师在评定等

级后再加上适当的评语，两者相结合，就会有较好的结果。

如果教师能结合每个学生的具体情况，给予中肯的、有针对性的评语，不仅会

增强学生的学习动机，甚至可能会改变学生的一生。

案例1-8　老师写给黑格尔的评语

1793年，23岁的黑格尔从图宾根神学院毕业了。毕业时，他的老师为黑格尔写

下一段评语："健康状况不佳，中等身材，不善辞令，沉默寡言，天赋高，判断力健

全，记忆力强，文字通顺，作风正派，有时不太用功，神学有成绩，虽然尝试讲道不

无热情，但看来不是一名优秀的传教士。语言知识丰富，哲学上十分努力。"这段评

语作为老师对学生的评价，可以说老师的观察十分仔细，为他指出了努力的方向，

坚定了其放弃神学，转而进入哲学领域深造的决心。最终，黑格尔在哲学上取得很了不起的成绩，成为了德国著名的哲学家。

(三) 利用合理的奖惩强化学习动机

教师对学生学习的结果进行奖励或惩罚，是对学生的学习行为持肯定或否定态度的一种强化方式。合理的奖惩措施可以激发和培养学生的学习动机，有利于提高学习成绩。学生为了取得更好的成绩获得奖励，或是避免再犯错误而遭到惩罚，都会增强学习动机。

奖赏是一种外在的激励因素，能激发调动学生的学习动机，同样惩罚的合理运用也能激发学生的学习动机。尽管奖励与惩罚对学生的学习都有推动作用，但奖励能使学生获得成就感，能使人增强自信心，坚定克服困难、保持行为的意志。同时奖励也会对其他同学产生正面的影响，为了获得教师同样的关注和奖励，其他同学也会更加努力学习，这样不仅增强了受奖励同学的学习动力，更使其成为榜样和被模仿的对象，促进了其他同学的学习。而惩罚会给人带来对失败的恐惧心理或激起极高的焦虑水平，因此，奖励比惩罚更能有效地激发学生的学习动机。尤其是对于班级中的"学困生"，因为学习成绩不好，可能经常受到教师批评和同学的嘲笑，因此，对于这部分学生，教师的表扬和奖励是他们重拾自信、重新激发他们努力学习的最好的推动力。因此，适当的表扬的效果优于批评，所以在对学生进行评价时要多给予表扬而非批评。

惩罚是与奖励相对的概念，是用不愉快的事件或刺激抑制或消除个体适当行为的发生，如学生上课随便讲话，教师批评可以抑制这种违纪行为的发生。但是，如果惩罚不当，不但不能改正学生的错误行为，反而会强化这种行为。如有的教师对学生不完成作业采取加倍罚抄的惩罚措施，可能会引起一些学生产生对立情绪，使他们更加痛恨作业，这样的惩罚降低了学习的兴趣和动力，所以教师要慎用惩罚，一旦需要使用，一定要遵循合理、适度原则。

案例1-9 赫洛克效应

心理学家赫洛克(E.B.Hunlock)曾做过一个实验，他把被试分成四个等组，在四种不同诱因的情况下完成任务。第一组为表扬组，每次工作后予以表扬和鼓励；第二组为受训组，每次工作后严加训斥；第三组为被忽视组，不予评价，只让其静听其他两组受表扬和挨批评；第四组为控制组，让他们与前三组隔离，不予任何评价。结果工作成绩是前三组均优于控制组，受表扬组和受训斥组明显优于忽视组，而受表扬组的成绩不断上升。

就学习的平均成绩来看，三个实验组的成绩均优于控制组，受表扬组与受训斥组的成绩又明显优于观察组，而受表扬组的成绩不断上升。这表明对学习结果进行评价，能强化学习动机，对学习起促进作用。适当表扬的效果明显优于批评，而批评的效果比没有评价好。

相对于惩罚，奖励更能激发学生的学习动机，具有更强的促进作用，因此，在教育中教师应当多运用奖励手段。奖励的措施可以包括物质奖励、精神奖励、特别的权利等。学生起初在对任何学习内容不感兴趣的时候，教师可以适当使用外部奖励来激发其学习动机。但是外部动机作用不会使学习活动指向学习的真正目标，因此，学生也不会在学习中采取积极的学习策略，从而对学习产生浓郁的兴趣。而且奖励的使用一旦过多或者使用不当，也会产生消极作用。有许多研究表明，如果滥用外部奖励，不仅不能促进学习，而且有可能损害原来已经有了的宝贵的内部动机。

案例1-10 聪明的老人

一位老人在一个小乡村里休养，但附近却住着一些十分顽皮的孩子，他们天天互相追逐打闹，喧哗的吵闹声使老人无法好好休息。在屡禁不止的情况下，老人想出了一个办法。他把孩子们都叫到一起，告诉他们谁叫的声音越大，谁得到的奖励就越多，他每次都根据孩子们吵闹的情况给予不同的奖励。到孩子们已经习惯于获取奖励的时候，老人开始逐渐减少所给的奖励，最后无论孩子们怎么吵，老人一分钱也不给。结果，孩子们认为受到的待遇越来越不公正，认为"不给钱了谁还给你叫"，就再也不到老人所住的房子附近大声吵闹了。

在上面这个案例中，老人轻松解决了孩子们吵闹问题的关键就是将孩子们的内部动机——"快乐地玩"变成了外部动机——"为钱而玩"，因为他操控了外部因素，因此也操纵了孩子们的行为。所以教师对于奖励尤其是外部的物质性奖励应当慎用。在运用外部奖励时，教师应首先了解学生原有的学习兴趣，然后再考虑是否有使用外部奖励的必要。

案例1-11 德西效应

心理学家德西在1971年做了一个专门的实验。他让大学生做被试者，在实验室里解有趣的智力难题。实验分三个阶段，第一阶段，所有的被试者都无奖励；第二阶段，将被试者分为两组，实验组的被试者完成一个难题可得到1美元的报酬，而控制组的被试者跟第一阶段相同，无报酬；第三阶段，为休息时间，被试者可以在原地自由活动，并把他们是否继续去解题作为喜爱这项活动的程度指标。实验组（奖励组）被试者在第二阶段确实十分努力，而在第三阶段继续解题的人数很少，表明兴趣与努力的程度在减弱，而控制组（无奖励组）被试者有更多人花更多的休息时间在继续解题，表明兴趣与努力的程度在增强。

"德西效应"向我们揭示了这样的道理，当学生尚没有形成自发内在学习动机时，教师从外界给予激励刺激，以推动学生的学习活动，这种奖励是必要和有效的。但是，如果学习活动本身已经使学生感到很有兴趣，此时再给学生奖励不仅显得多此一举，还有可能适得其反。一味奖励会使学生把奖励看成学习的目的，导致学习目标的转移，而只专注于当前的名次和奖赏物。因此，作为教师，要特别注意正确使用奖励的方法而不滥用奖励，避免"德西效应"。

教师在运用奖励与惩罚来强化学习动机时，应遵循以下两条原则：

1. 奖惩要公平、适当

在运用奖惩手段强化学习动机时，教师应根据学生的具体情况，适时地、恰当地运用。很多时候，有些教师在课堂上虽对学生给予大量的表扬，却收效甚微，究其原因，是过于频繁地使用表扬，降低了表扬的价值，或是当学生有进步、值得表扬时，却未能得到表扬。因此，在运用表扬和奖励时，教师对学生的表扬应当是具体的，应向学生指出其因为何种行为得到了表扬，通过增强奖励与行为的对应度来更好地强化学习动机；另外，教师在进行表扬和奖励时，态度要真诚，体现教师对学生的关心；同时，教师给予奖励时，应让学生感受到他们是因为努力而受到表扬，促使学生由外部动机向内部动机转换，通过奖励引起学生对学习知识和技能的重视，而避免学生单单注意奖励本身。同时，对于那些在竞争中处于劣势的个体而言，教师应给予更多的关注与鼓励，设置情境使其有成功的体验，以免产生自暴自弃的心理。

2. 奖惩应考虑学生的年龄特点、个性特点和性别差异

教育工作者运用奖励与惩罚时应注意学生的个别差异。心理学家的研究表明，从性别的角度看，表扬对女生的作用更大些，批评对男生的作用更大些。从学习能力的角度看，表扬对学业不良的学生作用更大，而对学业一般或成绩优秀的学生作用最小；批评对学习优秀的学生作用最大，对学业不良的学生作用最小。从性格角度来看，对内向的学生采取表扬的方法比采取批评更为有效；对外向的学生，采用批评的方法可更有效地提高其学习动机的水平。

所谓"控制点"是指个体自认为控制自我命运的某一或某几个因素，如天赋、

智力、环境、运气和主观努力等。成败归因与学习动机的激发密切相关，一般来讲，经常把成败的原因归结为主观因素的学生，学习动机更为强烈。

（四）引导学生进行恰当的归因

归因是人们对行为或行为结果产生的原因进行解释与推论。通常人们主要是从能力、努力程度、运气、工作难度、他人的反应等方面进行归因的。其中，个人能力和努力程度是个人可以控制的，属于"内在原因"；运气、工作难度及他人反应则是个人较难控制的，属于"外在原因"。不同的归因倾向会使人对成功和失败产生不同的情感体验和情感反应，并由此影响个体对未来结果的预期和努力，进而影响其学习动机。如果总是将失败归因于外在因素的影响，个体可能就不会努力去尝试解决这些问题了。许多同学的厌学情绪就是在失败情境下因不适当的归因而产生的。

学生在学习中会对自己的学习结果进行归因，如"这次成绩好是因为这段时间我学习很努力"、"这次成绩差是因为判卷子的老师太严格了"等。归因作为一种认识动机，它将直接影响到学生的学习动力。如果学生将学习成绩的好坏归因为内部的、可控的因素（如个人努力等），那么他们胜任学习任务的信心就会得到加强，从而提高学习积极性和动机水平，形成较强的自我效能感，促使他们在今后的学习中能够付出更大努力。如果把学生的失败归因于内部的、稳定的因素（如运气等），那么他们就会认为学业成就是自己无法掌控的，从而对自己的能力和努力失去信心，不能用积极的态度去控制自己的行为，甚至是怨天尤人，对学习自暴自弃，这样的归因不能激发学习动机，也降低了对学习的兴趣。

既然不同的归因方式会影响到学生的学习动机，进而影响学习行为，那么教师就应当在学生完成某一学习任务后，引导学生进行更有利于激发学习动机的成败归因。一方面，要引导学生找出成功或失败的真正原因，即进行正确归因。教师应从有利于今后学习的角度进行积极归因，强调影响学习结果的主要因素是努力的程度，帮助学生正确面对失败，让他们相信自己只要更加努力，就能够取得好的学习成绩。另一方面，积极归因训练对于学困生的转变具有重要意义。由于学困生往往把失败归因于能力不足，导致产生习得无助感，造成学习积极性降低，因此有必要通过一定的归因训练，使他们学会将失败的原因归结为努力程度不够，从失望的状态中解脱出来。对于学习成绩不理想的学生，教师不要单单只看成绩的高低，哪怕有一点进步，也要对学生的努力给予积极反馈，告诉他们努力获得了相应的结果，使他们不断感到自己的努力是有效的。这样，他们才能真正从失败感中解脱出来，从而坚持努力去取得成就。因此，引导学生进行恰当的归因是培养和激发学生学习动机的有效方法，能调动学生学习的积极性，并学有成效。

（五）维护内在需要，促进外部动机内化

兴趣、好奇心、探索欲是人类学习的最早动力。源于内部需要的学习动机具有更多坚持性和抗干扰性，能促使学习者不断进步，获得更好的学业表现。因此，教师要注重维护学生的内在需要，也就是把激发学习动机的重点放在激发学生的学习兴趣、好奇心和探索欲方面，并注重在教育过程中予以保持。然而，现实中不可能每个学生都对教育中涉及的所有内容充满好奇和兴趣。

虽然内部动机在学习中具有种种优势，但有时外部动机仍然是十分必要的。但是，外部动机激发手段具有很大的局限性。外在奖惩设置可能抑制和削弱学生的内部学习动机。习惯了依靠外界奖惩引导自身学习行为的孩子，往往在缺乏教师指导的情境中很难表现出持续的学习行为，他们可能觉得迷惘、不知所措或者为了享受"脱离约束"的感觉而走向另一个极端。要解决这一问题，关键在于如何促进学生外部学习动机的不断内化和整合。

如何才能帮助学生内化外部学习动机？自我决定理论指出，教师应该创设能够充分满足学生自主需要、胜任需要和归属需要的学习环境，帮助学生培养自我决定的学习动机。例如，教师可以采取每堂课都会点名和提问的方式，并指出那些表现好的学生在期末成绩中会有加分；教师还可以增加课堂中的弹性空间，给学生提供更多自主学习的机会，鼓励学生自发提问，鼓励学生主动表达学习中的情绪，尤其是那些可能妨碍学习兴趣的负面情绪，尽量避免命令、批评，避免强行打断学生的自发探索。另外，强调某项学习任务的意义和价值，例如，对学生讲清这些知识对个人的未来发展非常重要等。这样外部学习动机与内部学习动机之间，存在着由外部动机不断内化的过程，这种内化过程有助于学生积极学习动机的形成和维持。

总之，学习动机对学生的学习具有重要的推动作用，在培养和激发学习动机时，教师应特别注意个别差异，考虑到学生的个别特点，以每个学生动机中独有的优点补偿其弱点，帮助每个学生都确定个人的具体学习目标。教育教学工作要用足够的变式和不同的进度，使每个学生都有机会成功。针对学生本人对其学业成败的归因，特别注意教师对学生学习的归因要科学客观，并且采取帮助措施。

第二节　培养学习兴趣

伟大的教育家孔子说过："知之者不如好之者，好之者不如乐之者。"意思是懂得学习的人比不上喜爱学习的人，喜爱学习的人比不上以学习为乐趣的人。爱因斯坦也说："兴趣是最好的老师。"兴趣是一个人倾向于认识、研究获得某种知识的心理特征，是可以推动人们求知的一种内在力量。兴趣是影响人的动机模式的重要因素之一，学习兴趣是学习动机中最活跃的成分，是推动学生学习的一种最实际的内部动力。一方面，从对学习的促进来说，兴趣可以成为学习的原因。学生对某一学科有兴趣，不会将学习看成是负担，而是乐在其中，持续地专心致志地钻研它，从而提高学习效率，也就更容易享受到学习带来的快乐和成就感，形成一个良性循环过程。另一方面，学习可以产生新的兴趣，并提高原有兴趣。学生在学习和探索过程中，学习或探究得到新知识，会在心理上得到成功感和满足感，产生一种愉快的情绪体验，从而进一步激发学习和研究的兴趣。因此，兴趣不仅是在学习活动中产生的，也可以成为学习的结果。所以，学习兴趣既是学习的原因，又是学习的结果。对学习有兴趣的学生，在学习中会取得好的效果，教师作为引导者，应有意识地去培养和发展学生的学习兴趣。

一、学习兴趣概述

（一）学习兴趣的分类

学习兴趣一般可以分为直接学习兴趣与间接学习兴趣两种。直接学习兴趣是由所学材料或学习过程本身直接引起的。拥有直接兴趣的学生能被学习活动所吸引，有时，为了满足这种直接兴趣，甚至不顾这些活动带来的害处。例如，在昏暗的光线下读书会损害眼睛，但是当我们被小说情节吸引时，就顾不得这些了。学习的直接兴趣会促进学习，振奋精神，提高效率。间接兴趣主要指对活动过程所产生的结果的兴趣。例如，有些学科知识本身虽无法引起学生的直接兴趣，但当学生意识到学习此学科的价值，或是父母、教师的赞赏，同学、朋友的尊重，在考试中得到好分数，在竞赛中取得胜利等，也能引起学生对学习的兴趣，这种兴趣是间接兴趣，间接兴趣也能帮助学生克服困难，努力学习和钻研。学生对学习的目的、意义理解得越深，就越能发展起间接兴趣。

但是如果一个学生只有间接兴趣，而一直没有将间接兴趣转化为直接兴趣，可能仍然能取得好的学习成绩，但对学习者来说，学习永远都是一份苦差事，毫无乐趣而言。

案例1-12　痴迷于学习的小刘[1]

小刘是一个大学生，他的优点是每个学期开学后都会努力读书，认真完成作业。

---

[1]　刘翔平．神经质人格[M]．北京：北京师范大学出版社，2010:207.

他比一般人更具有坚持性和意志力，总是最晚一个睡觉，最早一个起床，学习很有规律性，成绩也很好。但考试过后，放寒暑假，他就一天书也不读，整天毫无目标地浪费时间。尤其爱睡觉，中午可以睡四个小时。

小刘学习的痴迷与班上其他用功的学生在行为上好像没有差异，但动机与目的是截然不同的。他是出于争第一的心态，确切地说是出于害怕落后的心态而努力投入的，他的信念是绝不能甘拜下风，要超过别人，要让周围的人和家长看看我是多么优秀。而与他同样用功的同学们的信念是，要掌握知识、多学本领、把问题搞懂，要过有意义和有收获的生活。虽然他的同学可能有时不如他用功，不像他那样能熬夜，但是周末或寒暑假过得很充实，选择自己爱读的书看，做自己感兴趣的事情。而小刘似乎除了为考试而学习外，不知道自己有什么真正的爱好。他着迷学习这个行为本身，并没有给他带来强化，而是痛苦的记忆和要逃避的状态。

直接兴趣和间接兴趣对于学习都是十分必要的，对学习具有直接兴趣是提高学习质量最有利的因素。学生对学习具有直接兴趣，会感到学习是有趣的，会在学习活动中乐此不疲；而具有间接兴趣，则会对学习有强大的毅力，对学习活动起到督促作用。二者有机结合，是激发学生主动积极地学习、提高学习效率的重要条件。直接学习兴趣与间接学习兴趣往往是融合在一起的，学生对学习活动既有直接兴趣，又有间接兴趣的影响，其中，或以直接学习兴趣为主，或以间接学习兴趣为主，或两者难分主次。间接兴趣和直接兴趣是可以相互转化的，例如，学生开始时可能对学习只有间接兴趣，但如果在学习中获得了成功感，则间接兴趣可能会逐渐转化为直接兴趣。而对学习的直接兴趣，若无特殊情况，大多能长期持续下去，并且愈来愈浓厚。

(二) 学习兴趣的形成阶段

学习兴趣有一个发生、发展的过程，一般来说是从"有趣"开始，产生"乐趣"，然后向"志趣"发展的。

1. 有趣——学习兴趣的初级形式

有趣是兴趣发展的初级阶段，是由事物外在的新异现象所吸引而产生的直接兴趣，它往往是由好奇心引发产生的。好奇心是学生对新异事物积极探求的一种心理倾向。好奇心主要表现为好问、好动，持续时间较短，这是兴趣产生的第一阶段。人在幼年的时候，好奇心十分强烈，很多成人看上去司空见惯的事情，儿童都表现出极大的兴趣，这个阶段儿童看待大千世界的万事万物都觉得新奇、有趣，是值得玩弄、观察、研究的。所以，如果能抓住人类心理发展的特点，在这一阶段，家长和教师注重引导学生将好奇心，即兴趣的初级阶段——"有趣"转化为知识学习的兴趣，不满足于成人的解答，而愿意自己去探索、求知，则会保持住对学习的兴趣，不会随年龄的增长而消失。可见，有趣往往是人为客观世界所吸引而产生的结果。因此有趣是培养学习兴趣的前提。教师要从"有趣"开始，激发学生的学习兴趣。有趣能促使认识从简单的、情境的、偶然的兴趣阶段过渡到更加稳定的、深入的兴趣阶段。

激发学生的兴趣应使他们在学习各科目的第一堂课以及课堂45分钟的上课之初就感到"有趣"。教学的有趣可以为中学生学习兴趣的培养提供前提条件。至于能否使学生由此产生学习兴趣，还需要师生在教学活动中继续努力，使学生激动的情绪稳定下来成为稳定的心理状态，从而造成认识和情感方面的不平衡，形成学习需要。

"有趣"有三个特征，这就是直观性、盲目性及广泛性。教师引发学生产生"有趣"要注意以下两点，第一，问题要具体而直观，能够很快地引发学生对新知识的好奇心；第二，要有适当的难度，引发学生兴趣的问题既要来自于生活经验，又要让学生感到新奇或百思不得其解。此时，学生的兴趣水平较高，求知的欲望十分强烈，有助于激发学习动机，最终取得良好的教学效果。

案例1-13 物理课上激发学生学习兴趣实例

初中物理讲到"摩擦"这节课时，教师在讲课之前用如下方式激发学生对新知识的兴趣。教师首先给学生演示了一个小实验：在一个玻璃杯里装满大米，在大米中间插入一支筷子，并把米压实，然后一手提筷子，结果杯子也提起来了，并没有落下来摔碎。通过这个实验，同学们对自己观察到的现象充满了好奇，感到很有趣。此时，学生已处于心求通而不解的状态，急切地等待教师讲解，有了这种探究的情感，老师来讲授新的知识内容时，学生们一堂课都能全神贯注，教学效果大大提高。

2.乐趣——学习兴趣的中级形式

乐趣是兴趣发展的第二阶段，它是在有趣的好奇心的基础上发展起来的定向活动。乐趣产生的标志就是求知欲。求知欲是人们积极探求新知识的一种欲望，它带有浓厚的情感色彩。学生一旦有了求知欲就会产生学习的动力。相比于兴趣，"乐趣"表现得更加稳定，持续时间较长，伴随有快乐的情感体验。因此，教师要保护学生的好奇心，促使学生好奇心尽快向求知欲发展，最终培养学生对学习具有良好的兴趣。

案例1-14 学生发现的语言文字的"秘密"

在一次寒假作业中，我们安排了这样一个内容，即"寻找和发现生活中的语言现象"。开学初，同学们纷纷拿出自己的调研成果，有些同学找到了广告牌上的错别字，有的同学发现了电视节目报纸杂志中的纰漏，许多同学还热心地写信或以其他方法与出错的单位联系，帮助他们改正错误，这些切实的工作有效地激发了大家的兴趣。在大家交流体会时，教师提出了进一步探究的要求，于是我们发现了许多语言文字的"秘密"。

秘密之一：有一位同学发现某酒店广告词是"轻歌漫舞品佳肴"，他感到"漫"字似乎有些"别扭"，查词典后发现应为"轻歌'曼'舞"。对错字"端详"半晌后，他知道了让自己感到"别扭"的原因是"轻歌曼舞"作为并列词组，"曼"字的含义与"轻"字应呼应——相近或相反（在这里为意义相近，均为"轻柔"），而"漫"字却没有"轻柔"之意。

由此，他发现，汉语中许多并列式成语的字形都可以用这个方法确定。如容易混淆的"青山绿水"、"山清水秀"、"眉清目秀"、"循规蹈矩"、"提纲挈领"等。这个发现让同学们学到了根据字意推断字形的方法。

秘密之二：一位同学在报纸上看到这样一句话："……对贝克汉姆这样一位炙手可热的球星来说……"经过考证"炙手可热"的意思是"权贵气焰极盛，权势极大"。可见是用错了。[1]

而某电视台为某部曾经轰动一时的电视剧做广告时说："曾经在播出时万人空巷的……"也犯了同样的错误。"万人空巷"的意思是"盛大的庆典时，人们都涌到街上的热闹场面"。

上面案例中的这位教师在教学中能够有意识地把语言文字与现实生活结合起来，使同学们感到语文知识的重要性，并且在学以致用的过程中找到了学习语文的乐趣。

3.志趣——学习兴趣的高级形式

志趣是兴趣发展的高级阶段，是在有趣、乐趣的基础上发展起来的，其特点是积极自觉，持续时间长，甚至终生不变，并由此产生对未来的职业定向。学习有志趣的同学会全身心地投入到学习活动中去，以至于废寝忘食，专注于学习，乐此不疲，有创造性的学习往往是在志趣的基础上产生的。在兴趣发展的第二阶段，即认为学习有乐趣的基础上，学生对多科目的知识或活动具有的兴趣。而伴随着乐趣进

[1] 节选自网络 http://www.zxxk.com/Article/0512/8206.shtml

行知识获取的过程中，学生开始产生了中心兴趣，即对某一方面的事物或活动有着浓厚且稳定的兴趣，当中心兴趣与高尚的理想和远大的奋斗目标相结合时，兴趣就发生了飞跃，而成为了志趣。因此，教师帮助学生对学习达到从有趣到乐趣再到志趣的飞跃，首先需要让学生多方面地摄取知识，打下扎实的知识基础，然后再引导学生在某一方面进行更加深入的钻研，培养起中心兴趣。志趣是学习兴趣的归宿。志趣可以决定一个人的进取方向，有了志趣，学生将学习的内容和目的与未来的发展、人生理想紧密而明确地联系在一起，这时学生能表现强大的意志力和无限活力，使学习效能大大提高。

如何使学习从"无趣"变"有趣"，培养"乐趣"，直至形成"志趣"？这要求广大教师要不断提高教学水平，从教材的内容和学生实际出发，通过让学生积累一定的知识，采用多种教学方法和形式，引发对学习活动本身的兴趣，培养学生的探索与创新精神，从而激发起更高水平的求知欲。让学生体验学习成功的愉悦感，培养、保护和增强学生学习的兴趣，取得最佳的教学效果。

（三）兴趣在学习中的作用

美国著名的心理学家布鲁纳说："学习的最好刺激，是对学习材料的兴趣。"这是对兴趣作用的概括。首先，兴趣可以激发学生的求知欲，对学习具有推动作用。学生对自己感兴趣的知识，往往学起来会精神愉快，不知疲倦，越学越爱学。如果对没有兴趣的科目，则会能拖就拖，感到是一种负担，甚至产生厌倦情绪。其次，兴趣能开阔眼界，丰富生活内容，促进个性的发展，往往对将来的事业有所帮助。如达尔文从小对花草及小动物等有浓厚的兴趣，终于成为生物学家。第三，兴趣能增强克服苦难的意志力。当兴趣发展到最高阶段——志趣时，就会因此而克服学习过程中的一切困难，将其作为生活的最大乐趣。著名数学家陈景润在"文革"期间，身处逆境，以铺板当桌子，演算用了几麻袋的纸，甚至在走路时都冥思苦想，最终取得突破性成就，摘得数学皇冠上的明珠——"哥德巴赫猜想"。

二、培养学习兴趣的方法

学习兴趣的培养与教师的教学有密切的关系，在培养学习兴趣方面，教师要注意从以下几个方面着手：

(一) 提高教学水平，加强教学的趣味性

教师应注重对课堂内容的组织和构建，向学生展现一个丰富生动的课堂氛围，激发学生学习新知识的兴趣，使学生在整个学习过程中保持积极的情绪情感状态，以饱满的热情投身于学习之中。太易、太难的教材与提问都不足以激起学生的兴趣。教师必须注重提高自己的教学水平，将教学内容与实际生活相联系，深入浅出地讲授给学生，使学生不断获得新知识并能将其成功地运用于实际，及时得到强化。这样的教学过程，学生就会觉得饶有兴味，学习兴趣就会日益浓厚。在讲授中，注重教学方法的多样化，使知识兼具趣味性、系统性、科学性，当学生发觉学习知识并不如想象的那般简单，但在教师的引领下，很轻松地就获得科学知识时，定能引起学生的学习兴趣。

要注重激发学生潜在的学习兴趣。在新学期伊始或每门学科的开设之初，更要注重对学生学习兴趣的激发。例如，初二开设物理、化学等课程，这些科目的教师要注重吸引学生对这门课程的热情。有些同学本来对新开设的课程充满了期待，但是学了几堂课后，因为觉得教学内容枯燥、难懂，导致课堂学习热情降低，渐渐失去了学习的兴趣，最终导致这门学科成为薄弱学科。例如，在初中物理序言课上安排"白光经过三棱镜后分解成七色光"的小实验，或者把纸片盖在装满水的玻璃杯上，而后把杯子倒立，纸片不会掉下来，从而造就学生的知识饥饿感，促使其产生

强烈的求知欲。当然利用教具、挂图和各种实验仪器、设备、多媒体课件等生动具体的直观现象都是不可忽视的素材。常言道："良好的开端是成功的一半。"

（二）创设教学情境，增强学习兴趣

1. 要设计好每堂课的"开场白"

因为学生对知识兴趣的第一个源泉就是教师对每一单元、每个课题的"开场白"。"开场白"要注意利用直观实验的趣味性。"开场白"常常关系整个教学的成败优劣，也是提高每节课的学习效率的开始。

每节课的前十几分钟，学生的情绪高昂，精神注意力集中，如果教师能抓住这个有利时机，根据欲讲内容，做一些随手可做的实验，就能激发他们的学习兴趣，使学生的注意力集中起来。如在讲动量和冲量时，让两支相同的粉笔分别从同一高度直接落到桌面上和落到有厚毛巾铺垫的桌面上，可以发现直接落到桌面上的粉笔断了，落到厚毛巾垫上的另一支却完好无损，老师由此引入动量和冲量知识的讲授，使学生在好奇心理的驱使下进入听课角色，能激发学生的兴趣。[1]

2. 情境的创设应注重设置悬念

充分调动学生的积极性是课堂教学取得成功的保证。而创设一个有"悬念"的情境是学生积极性被彻底调动起来的关键。因为只有这样才能引起学生内在的认知冲突，产生学习的需要。当然，"悬念"情境的创设必须要以学生已有的背景知识为前提，引起学生想要解决问题的冲动。例如教授"浮力"一节时，教师设置问题："一枚小小铁钉会沉入水底，一个比铁钉重得多的铁盒却可以漂浮在水面上？由钢铁制造的万吨轮船可以漂洋过海，这是为什么？猜猜看？"为了使问题形象化，还可以配以图示。对于以上问题，几乎所有的学生都感到迷惑不解，表现出强烈的求知欲，这样便起到了激活全体学生思维、产生疑惑、急于求知的效果。

[1] 郭凤丽．如何提高学生对物理课的兴趣[J]．成功（教育），2008（06）．

（三）利用已有的兴趣形成新的学习兴趣

研究表明，学习兴趣与学生的基础知识有关，只有那些学生想知道而又未知道的东西才能激起学习兴趣。在学生对学习缺乏兴趣、没有学习动力的情况下，要善于利用学生的间接兴趣，将其转化为与学习有关的兴趣。新的学习兴趣很少凭空出现，它多半是已有兴趣的衍生物，因此，搞清学生已有的学习兴趣，就有了扩展和提高其学习兴趣的基础。例如，可以利用学生爱好游戏或其他科技、文体活动的动机和兴趣，将这些兴趣与学习发生联系，将这些活动的兴趣转移到学习上，从而产生对学习的需要，继而拥有了学习动机。例如，在生物课上，当学生第一次使用显微镜时非常兴奋，他们对规定的实验不认真做，却喜欢把自己感兴趣的物品放到显微镜下去观察。

案例1-15　不一样的《植物细胞的结构》实验课

某中学教师在讲授《植物细胞的结构》实验课中，就对课本的要求作了改进，不是只让学生通过洋葱鳞叶表皮临时装片的制作和观察来了解植物细胞的结构，而是要求学生根据自己的喜好准备各种"带皮"的实验材料，结果学生带来的材料五花八门，有洋葱鳞叶、大蒜鳞叶、柑橘果皮和青菜叶。按照课本知识，对洋葱鳞叶表皮和大蒜鳞叶表皮取材十分容易，唯独要取下柑橘果皮和青菜叶表皮就很困难了，前者太厚，无法取下能做成装片的表皮，后者太薄，撕不下一块比较完整的表皮。但是，强烈的好奇心和学习兴趣使学生产生了极大的行为动机，在短时间内就想出了好方法：他们用解剖刀层层刮去柑橘果皮内表面柔软部分，直到剩下薄如蝉翼的一层皮；他们把青菜叶对折对撕，破损的边缘留下了一条条薄薄的表皮。[1]

这样在尊重了学生原有兴趣的基础上，引导他们把这种兴趣转化到了学科知识的学习中，建立了对知识学习的兴趣。

---

[1]　陈琦、刘儒德主编．当代教育心理学[M]．北京：北京师范大学出版社，2007：236．

（四）开展课外活动，培养学生多方面的兴趣

除了激发和培养学生对各科目的学习兴趣外，教师还应注重发展学生多方面的兴趣。有些学生虽然对课堂学习不感兴趣，成绩不理想，但是在课外有着较丰富的课余爱好，例如，有些人喜欢读课外书，尤其是男孩子喜欢读金庸的武侠小说，有些人喜欢做航空模型，参加航模比赛等。对于这样的学生，如果教师一味强调这些课外兴趣会影响学习，甚至是造成其学习差的罪魁祸首，而限制其课余爱好，那么就会造成这些学生仅有的求知欲望也被扼杀了，同时使他们更加厌恶学习和教师。因此，面对此种学生，教师可以考虑将其课余爱好与学习相关联，例如，喜欢读武侠小说的同学，在阅读这些书籍时，必然涉及到语文、历史、地理等知识，长期阅读能够增长语词量、语感以及历史知识等，如果教师善于引导他们进行兴趣迁移，这些学生渐渐也会对语文、历史等科目产生兴趣。再比如喜欢做航模的同学，在制作过程中，肯定要涉及到数学、物理等学科知识，当遇到问题时，如果他们发现这些知识都能在书本、课堂、教师这里获得答案，自然而然地会对这些科目开始转变态度，进而产生浓厚的兴趣。因此，教师应鼓励学生的课外活动，并加强对这些活动的指导，引导同学们将已有的活动兴趣转移到文化科学知识的学习上来，从而使学生产生浓厚的学习兴趣。

第三节　增强学习自信心

一、自信心的内涵与维度

（一）什么是自信心

学习者的心态对其自身心理活动有很大的影响，拥有积极的心态是取得成功的重要条件。这其中，自信心是十分重要的因素之一。

自信，顾名思义，就是相信自己的意思，是指人对自己的个性心理与社会角色

进行的一种积极评价的结果。它是有能力完成某项任务、解决某个问题的信念，是心理健康的重要标志之一，也是一个人取得成功必须要具备的一项心理特质。自信心是指对自己的行为、目的有明确深刻的认识，是一种积极、有效地表达自我价值、自我尊重、自我理解的意识特征以及实现预定目标的心理状态。

作为一种非智力因素，自信心尽管不直接参与认识过程，但对认识过程起着推动、引导、强化的作用。是否拥有自信心影响着学生的学习行为，自信心可以激发学生的智慧和潜力，产生一种来源于内心深处的最强大的力量。自信心也可以增强毅力，在学习中即使遇到困难也勇往直前，始终保持积极进取的精神。

案例1-16　一个黑人孩子成功的故事

一个贫困家庭的黑人孩子，从小就非常自卑。父母都靠出卖苦力为生，这个孩子一直认为，像他这样地位卑微的黑人孩子，不可能有什么出息。

一次，父亲带他去参观画坛巨擘梵高的故居，看过那张小木床及裂了口子的皮鞋后，他不解地问爸爸："他不是百万富翁吗？"父亲答道："他是位连妻子都娶不上的穷人。"

第二年，父亲又带他去参观童话大师安徒生的故居，他再次困惑了："爸爸，安徒生不是生活在皇宫里吗？"父亲说："安徒生是鞋匠的儿子，他就生活在这阁楼里。"此后，这个孩子发愤图强，终于大有作为。

他就是美国历史上第一位获得普利策奖的黑人记者里克·布拉格。20年后，里克·布拉格说："上帝没有轻看卑微的意思，是两位贫贱的名人促使我走向成功。"

(二) 自信、自卑与自负

与自信的程度密切相关的是自卑与自负，当量的积累达到一定程度时，则会促成转变。一个人如果自信严重不足，就会导致自卑。反之，如果自信过度，我们则称之为自负。

所谓自卑是指自己瞧不起自己，它是一种消极的情感体验。自卑属于性格的一种缺陷，表现为对自己的能力和品质评价过低。自卑的人可表现出抑郁、悲观、孤僻等特点。在学习中，自卑的学生往往缺乏稳定的自我形象，喜欢把自己封闭起来而陷入幻想世界，不愿意参与集体活动，更不愿意与他人进行竞争，以此来掩饰自己的弱点。同时，对他人的话语、行为表现得特别敏感，因而很容易遭受挫折。

案例1-17　自卑使他与诺贝尔奖失之交臂

1953年，科学家沃琳和克里克在照片上发现了DNA的分子结构，提出了DNA双螺旋结构的假说，标志着生物时代的到来。沃琳和克里克因而获得了1962年度诺贝尔医学奖，但他俩不是第一个发现DNA双螺旋结构的科学家。早在1951年，英国有一位名叫佛兰克林的人，从自己拍得极好的DNA的X射线衍射照片上发现了DNA的螺旋结构之后，就这一发现做了一次演讲，然而由于生性自卑，又怀疑自己的假说是错误的，佛兰克林放弃了这个假说。可想而知，如果佛兰克林能够坚信自己的假说，进行深入研究，确认这个伟大的发现，诺贝尔奖肯定就属于他的了。

而自负的人则恰恰相反，他们喜欢固执己见，而且也总将自己的观点强加于人，不顾及别人的感受。无论自己的想法对与错，他们都很难接受他人的观点和劝告。另外，自负的人具有很强的嫉妒心，任何事情都不希望落人之后，因此也较少帮助别人，人际关系往往不良。

自卑与自负都会对学生的学习产生不良的影响，教师应在帮助学生建立自信时，尽量避免学生向这两个极端发展。

（三）自信的人拥有的性格特质

总的来说，拥有自信心的人表现为以下性格特点。首先，他们对自己的优势与劣势有正确的认识，并对自己的实力有正确的评估。其次，对需要完成的任务，他们相信自己有能力实现既定目标,特别在问题难度加大时,表现出对自己决定或判断的认可。第三,敢于接受挑战,将自己置于挑战性极强的环境中。第四,敢于承认自己犯了错误,虚心接受批评,谦逊好学,能够不耻下问。能够发现别人的优点或成就,善于表扬他人,也能坦然接受他人的赞扬。

(四) 自信心对学习的重要意义

首先,教育的培养目标是德、智、体、美全面发展,现代社会对于一个人健康的要求既指身体的健康,又指心理的健康,同时也包括良好的社会适应性。自信心是保持学生具有健康的心理状态的必需品,同时自信心也有助于形成良好的人际关系。具有自信的学生才能在学习过程中产生不断向前的驱动力,不断地攻克学习困难,完成学习目标,它所起到的作用是将你已有的能力极大地发挥出来。自信使大脑处于积极状态,有利于发挥个人现有水平及创造力。

相反,如果一个学生认为自己肯定学不好某一科目,那么他就无法将大脑调整到积极、活跃的状态,限制了其潜能的发挥,他也会因为缺乏自信,自认为一定学不好,从而放弃继续为改变现状而付出努力,也就无法实现自我突破。另外,自信也是一种生活态度,是一个成功者必备的素质。当然,自信心不是无端地建立起来的,而是自己要有过硬的本领、扎实的基础。

二、增强学生学习自信心的途径

(一) 建立较强的自我效能感

自信心作为日常生活中常常谈起的一个概念,在心理学中,与自信心最接近的是自我效能感,这一概念由美国当代著名心理学家班杜拉提出。自我效能感是指个体对自己是否有能力为完成某一行为所进行的评估。班杜拉认为,自我效能感关心的不是某人具有什么技能,而是个体用其拥有的技能能够做些什么。

自我效能感强的个体,会在任务完成中更加投入,花费更多的时间,付出更大的努力，而且面对挑战与挫折，具有坚强的意志力，坚持不懈，努力完成任务。自我效能感低的个体，面对任务，怀疑自己的能力，缺乏必要的自信，常受紧张、焦虑等消极情绪的困扰，在困难面前会退缩，没有经过努力，就自我放弃、自我失败。在对待学习活动的态度方面，自我效能感高的学生具有自信心，敢于面对困难，面对即将学习的较难的学业内容，根据自己以往的学习经验，会认为自己通过努力能够完成学习活动；自我效能感低的学生，则对完成任务没有自信，认为努力、练习无济于事，因而容易退缩。

自我效能感影响学生的自我评价和自信心，进而影响学习成绩。尤其是那些学业不良的学生，由于对自己的学习能力持怀疑态度，表现出很低的自我效能感，在学习中容易放弃尝试和应有的努力，学习成绩也就难以提高。因此，教师在教学中要通过一定的方法改变和提高他们的自我效能感，这是激发学习动机的一条有效途径，具体可采取以下措施。让学生观察那些学习能力与自己差不多的学生取得成功的学习行为，通过获得替代性经验和强化来提高他们的自我效能感，使他们确信自己也有能力完成相应的学习任务，由此产生积极学习的动力。当一个人看到与自己水平接近的学生学习成功时，就会增强他的自我效能感，激发其学习动机。

案例1-18 "习得性无助"实验

"习得性无助"是美国心理学家塞利格曼1967年在研究动物时提出的，他用狗做了一项经典实验。起初把狗关在笼子里，只要蜂音器一响，就给其以难受的电击，狗关在笼子里逃避不了电击。多次实验后，蜂音器一响，但此次在狗遭受电击前，实验者已先把笼门打开，此时狗不但不逃，而且不等电击出现就先倒在地上开始呻吟和颤抖，本来可以主动地逃避却绝望地等待痛苦的来临，这就是习得性无助。

这个实验引起我们的反思，实验中的笼子后来被打开了，狗在电击之前完全可以逃出笼子，但狗因为先前的多次努力都无法逃出笼子躲避电击，由此它对自己的行为丧失了信心，所以完全放弃了努力，对被电击的命运听之任之。人和动物都可能在经历多次的失败后，形成无助、无力的心理，这就是心理学中的"习得性无助"现象。"习得性无助"是个体在最初的某个情境中获得了无助感，在以后的情境中不仅没能从这种体验和感受中摆脱出来，还将无助感扩散到了生活中的各个领域。这种扩散了的无助感会导致个体的抑郁，甚至对生活不抱希望。这是一种可怕的感受，在这种感受的控制下，个体会由于认为自己无能为力而不做任何努力和尝试。

作为教师，应避免学生产生"习得性无助"，增强其自我效能感。自我效能感随着个人成就的提高而提高。一个人的成功经验越多，其知觉到的自我效能感越强。这意味着自我效能感是可以训练的。如果能让儿童获得成功，儿童就可能形成较高的自我效能感。那么，教师如何提高学生的自我效能感呢，主要有以下措施：

1.正确看待考试成绩

对于学生来说，成绩的高低是自我效能感信息的主要来源。考试成绩并不能完全客观地反映出一个人的知识、能力、智力等的实际水平，因此，单凭成绩的高低来评价自己，认定自己比别人差，不是学习的材料等，是不公正、不客观的。分数不高、成绩不好，在学习中是常有的事，关键在于能否迎接这一挑战，保持一种必胜的信念，发奋努力去改变现状，这种情况使我们看到了信心在学习中的重要作用。

2.采用同伴示范的方式

当人们观察他人的行为时，替代经验（观察、示范、模仿）影响自我效能感。让学生观察那些与自己的能力相似的同学的成功操作能够提高其自我效能感，而看到与自己能力相似的示范者的失败会降低观察者的自我效能感。观察到同伴成功完成一项学习任务的学生，认为自己也能够成功地完成同类任务。因此，在教学中，教师应多采用示范的方法，如让一个儿童给另一个儿童示范，以同伴的成功增强其自我效能感。

另外，教师和父母要多鼓励学习者，比如说"我相信你能做好"，积极的反馈能够提高自我效能感。

(二)建立良好的师生关系和校园氛围

学生与老师、同学间的关系是否融洽，在很大程度上会影响学生的自信心。如果学生感到自己受到老师和同学们的喜爱、尊重，往往会感到自己的行为得到了他人的认可，从而表现出活泼开朗、积极热情等积极的情绪，自信心也随之增强。反之，如果师生关系、同伴关系不良，老师对学生的表现多为粗暴的训斥或态度冷漠，那么，受老师态度的影响，同学们也往往对这样的同学表现出疏远、欺辱行为，在这种不良的师生关系、同伴关系的影响下，学生长期得不到尊重和认可，就会表现出情绪低沉，甚至厌恶学校和学习，对周围的事物渐渐失去了主动性和自信心。

案例1-19　小静的变化

李老师新担任二年级一班的班主任，发现班级里有一个叫小静的女孩子，人如其名，性格十分文静、腼腆，连走路都是轻手轻脚的。上课的时候，感觉她也在专心听讲，但是却从不主动发言，李老师点名让她回答问题，她只是站在那儿涨红着脸却一言不发。但从平时的测验看，小静的学习成绩还可以，老师提问的问题按理应该很轻松地回答出来。那她问什么不回答呢？带着这个疑问，李老师与小静的家长进行了沟通，发现小静在家里是个表现很正常的孩子，爱说爱笑，好玩好动。进一步了解才得知，小静没有上过幼儿园，从小和奶奶一起生活，刚入学的时候，非常不适应集体生活。加上小静一年级时的班主任张老师是个急脾气，对学生缺乏耐心的引导。刚开始上课的时候，小静有时因为不能领会张老师的指令而受到斥责，所以每天在课堂上都非常紧张。渐渐地这种状态影响了她的性格，使小静变得懦弱而退缩，在课堂上不敢发言，在课下也没什么好朋友。

针对小静的问题，李老师决定尽自己的努力来改变这个孩子，让她像在家里那样活泼开朗。上课时，李老师会挑一些简单的问题让小静回答。刚开始，她仍然低着头，一言不发。李老师就鼓励她："别着急，老师相信你一定能回答出来。"老师及时的鼓励和表扬增加了她的自信心。另外，在课间时，李老师经常找机会与小静交谈，有时候会摸摸她的头，拍拍她的肩膀，帮助她消除对老师的恐惧心理。渐渐地，小静回答问题的声音大了，表达也清楚了，上课已经积极举手回答问题了。李老师在帮助她建立融洽的师生关系的同时，也帮助她建立了自信。课下，她也开始愿意和其他同学交往了，同学们也因她的变化和她成为了好朋友。小静终于笑了！

(三) 使每个学生都获得成功的经验

选择难易适中的任务，让学生不断地获得成功体验，进而提高自信心。学业成绩不良的学生常常过分夸大学习中的困难，过低估计自己的能力，这就需要教师为这些学生创设更多成功的机会，让他们在学习活动中，通过成功地完成学习任务、解决困难来体验和认识自己的能力。每个学生都有自己的专长与潜能，教师要善于发现，并让学生有展示的机会和成功的体验，以激发他们的学习动机，提高他们的自信心。

案例1-20 变动规则，调动学生积极性

体育课上，篮球比赛教学，有的学生一场比赛摸不到一次球，直接打击了学生的积极性，以后甚至会因此讨厌篮球比赛。我们可以将篮球水平最差的学生定为"五分手"(即如果该同学投进一球便记5分)，次差者为四分手，中等的为三分手，较好的为二分手，最好的为一分手。如此一个小小的规则变动，使全体学生都发挥了积极性。"五分手"立志为集体立功，积极主动，踊跃上阵；"一分手"一改以前"包打天下"的做法，积极为"五分手"和"四分手"提供投篮机会。

人们通常认为，竞赛是激发学习的积极性和争取优良成绩的一种有效手段。举办学习竞赛，如征文、读书、书法、手工制作、小发明等，形式要多样，使每个参赛者都有成功的机会。有些学生长于抽象思维，有些长于形象思维，有些长于表达，有些长于运动和操作等。在这些竞赛活动中获得成功，可使学生的自信心、自尊心、胜任感、成功欲和学习志趣倍增。无论进行什么后续学习，他们都以达到成功为目标，对自己的学习能力充满自信，能为自己设计获得成功的行动方案，调动自己全部身心力量去迎接新的学习任务的挑战，以新的学习成功来表现自己的自尊和价值。这就形成了学习上的良性循环机制。

（四）注重多元评价，引导学生发现自身优点

在教学中，教师要考虑到学生的个体差异，对学生的评价应尽量多元化。首先，在评价主体上，应尽量创设一个师生之间、学生之间良好互动的环境，使每个学生都有评价他人、被他人评价的机会。在评价内容上，要摒弃过去只注重评价语文、数学、英语等考试科目的做法，应把品德、体育、音乐等都纳入到对学生进行评价的范围内，从学生尤其是学困生身上找到优点和长处，及时给予正面的评级和鼓励。教师要关注学困生的认识变化，多用鼓励的语言，肯定他们的进步，从而树立他们的自信心，激励他们不断地进步。

案例1-21 找一找自己身上的优点

开学不久，陈老师发现杨朗同学有许多毛病。陈老师心想，像杨朗这样的同学缺少的不是批评，而是肯定和鼓励。一次，陈老师找他谈话说："你有缺点，但你也有不少优点，可能你自己还没有发现。这样吧，我限你在两天内找到自己的一些长处，不然我可要批评你了。"第三天，杨朗很不好意思地找到陈老师，满脸通红地说："我心肠好，力气大，毕业后想当兵。"陈老师听了说："这就是了不起的长处。心肠

好，乐于助人，到哪里都需要这种人。你力气大，想当兵，保家卫国，是很光荣的事，你的理想很实在。不过当兵同样需要科学文化知识，需要有真才实学。"听了老师的话，杨朗高兴极了，脸上露出了微笑。

(五) 引导学生坦然面对失败

无论是学习好或不好的学生，都有在学习中经历失败的经历。不同的学生在面对失败时，有以下两种不同的反应：一种面对失败不气馁，总结经验教训，克服不足，努力去促进自己学习，去争取成功；另一种是面对失败失去信心，学习行为表现得消极被动，由此带来的屡屡失败又使他们视自己为学习的失败者，形成一个恶性循环的过程。有的学生为了避免再失败对自己自尊心的打击，干脆采取退避行为，进而表现出厌学倾向，这是在失败的情境下产生的心理反应，最终导致学业不良。因此，让学生正确对待失败与鼓励他们取得成功同样重要。在学生学习受到挫折时，要引导他们形成正确的自我效能评价，提高取得学习成功的信心。避免失败的学生，当失败时会消极地接受和看待失败，认为自己本来就不具备学习成功必须拥有的能力，不是学习的料子，因而努力也是徒劳的。当他们成功时，又认为这不过是一种运气、碰巧、机遇，因而成功也不能使他们看到自己的潜能而增强学习的信心和热情。所以，不管面对成功还是失败，他们的反应都是消极的、无所作为的。这种消极的归因倾向在后续的学习活动中直接影响着他们的自我价值观、学习信心、学习积极性和对前途的期待，导致学习需求、学习动因降低。

一个学生如果对学习成败的归因倾向是积极的，他就会认为自己有足够的能力，只要勤奋努力就可取得学习上更多更大的成功，从而构建一种满怀成功的信念主动投入到学习活动中去的学习心理素质，并以更为积极的态度和加倍的努力去对待哪怕是更困难的学习任务。反之，一个学生如果对学习成败的归因倾向是消极的，他就会对自己的能力和努力失掉信心，整个身心被一种可怕的"失败感"所笼罩。教学实践和心理学的研究表明，学生的归因倾向是可以改变的，学习心理素质和行为模式是可以定向培养的。教师要通过教学活动，引导学生直面失败，不再选择逃避，把失败正确地归因为自己没有全力以赴，并帮助学生树立只要自己勤奋努力就可以改变现状、取得成功的坚定信念。

第四节　锻炼学习意志力

一、学习意志力的内涵

（一）什么是意志力

意志力是人格中的重要组成因素，对人的一生有着重大影响。孟子就曾说过："天将降大任于斯人也，必先苦其心志，劳其筋骨，饿其体肤，空乏其身，行拂乱其所为，所以动心忍性，曾益其所不能。"这段话形象地说明了意志力的重要性。要想实现自己的理想，达到自己的目的，需要具有坚强的意志力、勇敢顽强的精神，克服前进道路上的一切困难。意志力是人们从事一切活动取得成功的保证，在学习过程中，也同样需要有坚定的意志力。

坚定的意志力体现为以下特点：

1. 自觉性

自觉性是指人在行动中具有明确的目的性，使自己的行动服从于社会的要求方面的优秀品质。有自觉性的人，对自己的行动具有明确的目的，自觉性反映了一个人的坚定的立场和信仰，它是产生坚强意志的来源，也贯穿于整个意志行动的始末。

2. 果断性

果断性是一种人能明辨是非而又能迅速合理地采取决定并做下决定的品质。具有果断性的人，清楚地明白是非和利害的关系，也认清了行为胜利的把握，于是便会坚决地采取行动。

3.坚韧性

坚韧性是指能够在行动中勇往直前、百折不挠。具有坚韧性品格的人，既能够做到不怕困难与失败，又能够长久地保持自己做事情的充沛精力。

4.自制力

自制力是指能够完全自觉约束自己的行动以及言语方面的品质。自制力的高低反映着意志的抑制职能的强弱，自制力强的人善于抵抗外部或内部的干扰，纪律性较强，情绪稳定，学习注意力集中，记忆力强。相反，自制力弱的人，在学习中则容易走神，纪律性差。自制力是意志的重要品质，对于青少年则显得尤为重要，因为他们年纪小，容易受外界因素的干扰，增强其自制力对他们的学习与成长至关重要。

人的意志力在支配、调节控制行为中，主要有以下特点：

第一，意志力表现为坚持与制止两方面。人的活动都具有一定的预定目标，意志力对行动的支配表现在两个方面，一是为了达到目标，能够坚持并不断推动行为的过程；另一方面是制止，即制止与预定目的相违背的行动。这两方面是统一的，都是为了实现预定的目标。

第二，克服困难是意志行动最重要的特征。人在实现目标的过程中，肯定会遇到这样或那样的困难，战胜困难的过程，就是通过意志的努力来实现的。

基于意志的以上特点，教师在培养学生学习意志力的过程中，要帮助学生达成明确的学习目标，并及时不断地评价、激励学生，强化学生的优点，帮助学生坚持不懈地克服困难，以实现预定的学习目标。

(二) 学习意志力的内涵

学习意志力是指学生根据学习的目标，在学习过程中自觉地实施、调节和控制自己的学习行为，不断排除干扰，克服困难，以完成预定的学习任务的心理过程。简言之，学习意志力也就是指个体为完成学习任务而持续地克服困难的能力。意志力是引导和促进孩子学习、成长的一种内驱力。学生在学习过程中缺乏意志力，就会表现为在学习中缺乏持久性、稳定性，遇到学习困难时就退缩了，缺乏克服困难、寻求答案的毅力，对自己行为缺乏应有的控制能力，容易被外界一些事情所诱惑，往往被其他事情吸引了注意力而无法坚持学习。

良好的学习意志品质主要包括以下三方面内容：

1.学习的主动性和独立性

学习意志的主动性和独立性是指学生能善于自觉地调节控制自己的学习活动，使它服从于一定的学习目的，而不只靠外力的推动。具备学习主动性和独立性的学生，不需要在别人的提醒与监督下才开始学习，学习行为并不是来自对外界压力的屈服。在学习活动中，此类学生能够按照自己的学习目标来制订自己的学习计划，能够在学习过程中克服各种困难，勇往直前。

2.学习的坚持性

学习的坚持性是指在较长的时间内，能够克服来自内、外部的各种困难，坚决完成学习任务的品质。学习的坚持性包括在学习过程中持久地具有充沛的精力和坚忍的毅力。许多同学在学习开始时雄心壮志、豪情万丈地打算完成一项任务，但往往随着时间的推移或是困难的出现与增多，而表现出疲倦状态，产生了放弃念头。"书山有路勤为径，学海无涯苦作舟。"学习是一个持久的过程，有坚持性的学生才能为达到既定目的而坚持不懈，没有坚持性品质的学生只具备在短时间克服困难的能力，缺少恒心和毅力，不能顽强持久地进行学习活动。

3.学习的自控力

学习的自控力是指在学习生活中善于控制和支配自己行动的能力。有自控能力的学生，会科学、合理地管理自己，约束自己，绝不会因为一时的冲动和某些诱惑就中断与荒废原有的学习进程，破坏已制订的学习计划。

二、锻炼学习意志力的方法

是否具有坚定的意志力与人的性格有一定的关系，但是意志力的强弱更多地受环境尤其是教育的影响。所以，教师要培养学生具有良好的学习品质，就必须在教育过程中重视对学生学习意志力的培养。学习意志力的培养，可以概括为以下几个方面：

(一) 树立明确的学习目标

要培养坚定的学习意志力，首先要树立起明确的学习目标。中小学生学习意志力的大小以个人所提出的学习目标密切相关。目标越明确越深刻，则达到这个目的的毅力就越大，表现出来的意志力就越坚强。

为确保目标的实施，要选择达到目标的行动方式和方法，即制订好行动的计划，计划的制订有利于克服阻碍目标实施中遇到的困难。没有明确的目的和强烈的愿望，其学习意志力也就无从谈起。但是制订的学习目标要符合自身实际，具有合理性和操作性才有价值。制订的目标要足够明确，切忌过于泛化。例如，"我计划多读一点书"，这样的学习目标对坚定意志力起不到激励作用。而应该具体、明确地表示"我计划一周中一、三、五的晚上读一个小时的书"，然后将这个目标和学习计划联系起来，把最终要实现的目标分解成一个个具体的小目标。

(二) 形成良好的学习习惯

养成良好的学习习惯，有利于培养坚定的意志力。习惯是一种经常化、自动化的行为方式。好习惯的培养和坏习惯的克服都需要意志力的参与，也就是说，习惯可以磨炼意志。

首先，好习惯的养成过程中离不开意志的努力。日常生活中的小事不容忽视，习惯的养成更多地需要有意识地去培养。比如坚持每天早起晨练，就要克服睡懒觉的习惯和诱惑，还要忍受严寒酷暑，风雨无阻地进行下去。如果能从身边一点一滴的小事做起，久而久之，就会形成习惯，在培养这些好习惯的过程中，也磨炼了自己的意志力。其次，坏习惯需要克服，坏习惯很多来自于人的惰性，因此战胜坏习惯其实是考验意志力的过程。养成好习惯不易，克服坏习惯就需要付出更大的意志力了。因此，不管是好习惯的培养还是坏习惯的克服，通过不断地完善自我，青少年的意志力必将得到很好的提升。

人的习惯的养成，一般要经历如下三个阶段。第一阶段的特点是"刻意，不自然"。需要十分刻意提醒自己改变，会觉得有些不自然、不舒服。第二阶段的特点是"刻意，自然"。你对于已形成的习惯已经比较适应了，但是需要刻意提醒自己改变，否则一不留神，可能又会回到从前。第三阶段的特点是"不经意，自然"，这时就已经形成了习惯。一旦进入此阶段，这项习惯已成为你生命中的一个有机组成部分，如果不这样做，反而会觉得很别扭，这就是习惯的力量。

具体到学习中，如果要做到每天坚持学习，最好的方法就是把学习变成一种习惯。行为科学研究表明，一个人一天的行为中大约只有5%是属于非习惯性的，而剩下的95%的行为都是习惯性的。教师如果能够通过一段时间，引导学生将自己的学习计划变成自己的习惯之后，就会发现坚持下来要比未形成习惯前容易得多。

（三）施以必要的纪律约束

纪律约束也是培养意志力的重要手段之一。对于中小学生而言，更要对他们严格管理，施以必要的纪律约束，这是因为中小学生正处于一个活泼好动的年龄，他们易冲动，学习自制力不是很强，这就需要教师对他们提出纪律的约束。

教育过程中的纪律约束主要指课堂纪律。课堂纪律是指在课堂教学情境中教师为了维持班级秩序、保证教学活动和学生学习活动顺利进行而要求学生必须遵守的一系列行为规范。自觉遵守课堂纪律不仅是学生顺利完成学习任务的保障，而且也是良好的意志品质的重要特征。教师对学生进行纪律约束的目的不是为了惩罚，最终的目的是引导学生自觉遵守课堂纪律，养成自我监督、自觉约束的能力。只有当一个人能自觉约束自己的行动时，才有意志努力的可能性。对学生遵守纪律的严格训练，有利于培养学生良好的学习意志品质。教师可以制定一些课堂常规纪律，如课前要做好课前准备、不准迟到、上课时不准交头接耳、按时完成作业等，以此来严格要求学生，并对学生的违纪行为即时地提醒、纠正或给予必要的处罚。教师长期的严格要求，有利于形成和发展自律品质，从而增强学生的意志力。

(四) 培养学习的自制力

自制力就是指学生能够驾驭自我、排除干扰。孔子的所谓"克己"说的就是自制力。自制力的培养包括以下两个方面，第一是要抵得住外界的干扰和诱惑。学习的过程也伴随着克服困难的过程，要克服来自自己消极思想或兴趣爱好带来的负面影响，要坚持不受新的意图的影响，还要克服一些客观条件的制约，并要及时总结反思行动中出现的过失，及时调整自己的努力状态等。第二是培养学生善于控制自己情绪的能力。即学生要自觉主动地控制自己的内部智力活动，使其长时间地集中注意力于当前的学习活动上。克服学习过程中的焦虑、恐慌、懒惰等消极心理。

案例1-22　如何才能让彬彬坚持下去

彬彬是个初一的学生，学习成绩属于中等水平，家里的环境比较优越，而且是男孩子，很少做家务活。在学校里看到其他的同学学习成绩优秀，受到老师们的表扬，自己十分羡慕，于是在初一的第二学期初便下定决心要让自己的成绩在班里也达到优秀的水平，于是便给自己制订了一个学习计划，早上六点钟起床早读，每天坚持课前预习、课后复习、认真完成作业，并要求自己一学期下来要读四本名著。

刚开始的一段时间，彬彬确实是六点钟就准时起床读书了，而且其他各个方面都表现得很好。一段日子过去了，天气变冷了，躲在床上睡了懒觉，从此以后，不知怎么的，到了六点二十分都没有看到彬彬早读的身影，而且每天放学回家后也没有马上就把当天的功课完成，而是待在电视机前看自己喜欢的电视节目，作业慢慢地变得需要父母催才肯去做了。名著也看了个开头，接下来都没有看了，只摆在书柜中。

教育对策：首先，让彬彬明确自己读书的目标，自己有了目标后就会产生源源不断的动力。其次，可以让家长和教师给彬彬一个监督的作用，时不时地鼓励和提醒他，让他在努力的过程中接受身边的人的监督。第三，在家里，让彬彬在学习之余，多让他在家中做些家务活，培养他生活的自理能力，从生活的方方面面让他感受，这对他的学习成长也是有很大的帮助的。第四，彬彬可以用名人的警句作为自己的座右铭，如"少壮不努力，老大徒伤悲"，鼓励自己珍惜时间，努力学习。第五，根据自身的兴趣特点，选择自己喜欢的运动项目，坚持长期练习，达到强身励志的目的。第六，可以鼓励彬彬养成早读的习惯，相信一年下来，他不仅可以看到自己学习成绩的提高，而且意志力也会得到很好的提高。

(五) 在社会实践中进行意志力训练

意志品质是人们在长期的社会实践与社会生活中形成的较为稳定的心理素质，它在人们调动自身力量去克服困难和挫折的实践中体现出来。除学习活动外，在其他社会实践中也都有对意志力磨炼的机会，个体意志的培养就蕴含其中。社会实践包括军训、参观、夏令营等。通过参加社会实践活动不仅可以培养青少年的集体观、组织性、纪律性，更可以通过活动中面对的苦难，修炼自己的意志力。另外，体育运动不仅可以增强体质，更是集心理、意志磨炼为一体的综合过程。学生经常参加体育锻炼，可以培养其坚强、锲而不舍的意志品质和精神。因此教师和家长应该鼓励学生参加适当的体育锻炼以培养其坚持不懈的意志品质。

第二章　培养学生学习习惯的策略

英国唯物主义哲学家、思想家和科学家弗朗西斯·培根曾指出："习惯是一种顽强而巨大的力量。它可以主宰人生。因此，人自幼就应该通过完美的教育，去建立一种好的习惯。"习惯是人在较长时间内形成的规律性的行为方式，一旦形成便难以改变。养成良好的学习习惯可以使学生终身受益。学习习惯是在学习过程中经过反复练习形成的一种自动化的学习行为方式。良好的学习习惯可以使学习生活变得有条不紊，有利于形成学习策略，有利于培养自主学习能力，提高学习效率。培养良好的学习习惯是一个长期、细致的过程，需要教师在教育过程中坚持不懈地引导与监督。

第一节　制订学习计划的指导

学习计划是在学习活动开始之前，他人或者学习者对某一段时间内学习活动的设计和安排。教师可以为学生制订学习计划，但学生作为学习活动的主体，也应当在制订学习计划中发挥自身主动性。因为出于自身实际情况来规划自己的学习，可以增强计划的可行性及功效性。教师在制订学生的学习计划过程中，更应当扮演指导者、参谋者的身份，而非单纯的制订者、指派者。一个好的学习计划可以帮助学生对学习做整体统筹，可以节约学生的时间和精力，进而提高学习效率。

一、制订学习计划的意义

"凡事预则立，不预则废。"要想有效学习，就必须对学习做整体统筹和计划。

虽然学校有教学计划、教学大纲等有关学习的计划进程，但在此基础上，制订符合自身实际的学习计划才能更快地提高学习效率。在谈及学习计划的重要性之前，同学们可以先问问自己几个问题，你有本学期的学习计划吗？有对各科目的学习时间安排吗？你每日的生活作息是否有计划呢？你会检查一天的时间利用效果吗？如果对以上问题的回答是肯定的，那么你是一个计划性较强的学习者。如果你的答案中大多数是否定的，那么你就要重新审视一下自己的生活、学习，认真考虑一下制订自己的学习计划，合理安排自己的时间。

（一）合理的计划是有效学习的前提

为什么有些同学的学习会处于后进状态呢？学习缺乏计划性，往往是一条重要原因。在求学中，我们往往会碰到这样的情况，有些同学看上去非常努力、勤奋，放下这门科目的学习，就马上做另一门科目的习题，每天忙忙碌碌，但是学习成绩却不那么理想，付出与回报不成正比。再比如，有些同学放学回家后就开始上网、听音乐、看电视，沉醉于其中，一直到天黑要睡觉了，才想起作业还没做，于是匆忙将作业赶抄交差了事，更谈不上对课程的复习、预习了。这样的例子不胜枚举，这两类学生不论是忙忙碌碌的，还是松松垮垮的，他们有共同之处，就是往往在学习上处于后进状态。为什么会出现这种现象，究其原因，最主要的就是对自己的学习缺乏可行、全面的统筹、计划，这些同学在学习中不是想到什么就抓起来学一阵，毫无章法，就是完全被教师牵着鼻子走，把学习完全当作任务来完成，缺乏学习主动性。

每名同学都应该有自己的学习计划和目标，并脚踏实地、有步骤地完成，才能避免做无用功。学习计划其实是学习时间和学习任务的科学结合，也就是说，实现学习目标的愿望越强烈，制订学习计划也就越迫切。制订好学习计划后，就会使自己的每一个学习行为都和学习目标的实现联系起来，使学习行为具有明确的目的性。当制订好学习计划后，心里有了底，会感到学习目标的实现只是个时间问题了。因此，从实际出发，安排好学习时间和学习任务就十分必要了，可以说，合理的计划是学生有效学习的前提。

(二) 避免浪费时间，提高学习效率

计划性强的学生，心中明确什么时间做什么事，所以不临时动脑筋，费时间去想了。而缺乏计划性的学生，一旦坐下来，还要为该干什么事考虑半天，尤其在完成了作业以后，这种现象就更为明显，因此白白浪费了很多时间。有了自己的学习计划，学生对于每一个学期、每一周甚至每一天的学习任务都有了明确的认识，不用浪费时间去想下一步干什么，也不用为决定下一步干什么而犹豫不决。因为学习计划是循序渐进的，有了学习计划后，如果再因为贪玩或其他原因耽误了上一个任务的完成，将直接导致下一项学习任务无法在计划内完成，最终会使整个学习计划失去意义。因此，制订了学习计划后，学生会对时间特别珍惜，不会随便地浪费时间。

(三) 有利于养成良好的学习习惯

按照科学的学习计划行事，可以使自己的学习生活节奏分明，一旦形成了条件反射，到时候睡觉，该学习时能安心学习，该锻炼时能自觉去锻炼，所有这些都成了自觉行动，日久天长，良好学习习惯就形成了。长期按学习计划办事，就会使学习生活很有规律，甚至逐渐形成"条件反射"。到时候，就不必为起不起床、睡不睡觉、学不学习再付出意志上的努力了。学习生活完全达到了"自动"进行的境界，不起床睡不着了，不睡觉就困了，不学习就好像缺了点什么似的。这说明良好的学习习惯的养成是离不开科学的学习计划的，也可以说，良好的学习习惯是学习计划和顽强意志长期结合的产物。

(四) 严格执行学习计划有助于磨炼意志

制订了合理的学习计划后，只有严格执行，才能发挥其功效，否则也只能是一张废纸,毫无用处。但是在实际的学习过程中,总会遇到一些困难或变动,比如一名同学英语不好,他在计划中决定每天完成作业后用一个小时学习英语,但是再实行的过程中,可能会因为遇到学习困难而产生了放弃的想法,或是在计划中的学习时间内,出现了其更感兴趣的事情,比如热播的电视剧、朋友相约,这个时候计划与实际生活之间出现了矛盾。如果想严格执行原有学习计划,就要学习者做出取舍,去排除这些困难、干扰和诱惑,通过努力坚持执行学习计划,使自己的行动不偏离计划中既定的学习目标和任务,从而实现一个又一个计划,进而成为一个有计划的、坚定不移的人。无论是学习还是今后走向社会,这种品质都是十分可贵的,也是获得成功的有力保障。意志上的收获,往往容易被人忽略,可实际上这是宝贵的精神财富。在严格执行计划的过程中,既获得了学习上的成功,又同时磨炼了学习者的意志品质,可谓一举两得。

总之,制订学习计划可以促进学习目标的实现,可以磨炼学习意志,有利于学习习惯的养成,还可以减少时间的浪费。一个想把学习搞好的学生,不妨制订一份学习计划,试着做做,看看效果如何。

二、学习计划的类型

学习既要有短期的任务,又要有长期的目标。学习计划主要可以分为长期计划和短期计划。

(一) 长期计划

长期计划是指学习者对较长一段时间内的学习的大体安排,学年计划及学期计划都属于长期计划。对于初中生来说,长期计划指为初中三年学习而制订的总目标以及每学年、每学期开始时制订的计划。制订长期计划时,首先要具有宏观性,所订计划要涉及各门学科、各种学习活动,并按学年、学期分别列出要达到的目标。初中三年时间,初一、初二两年,应当将学习计划的重点放在对各科基础知识的学习上，做到掌握牢固且不偏科。例如，英语课，阅读理解等题目虽不完全出自书本，但主要都是书本上的单词和语法构成的。再比如历史课，在选择题上，一些学生往往因为学得不扎实，受到错误选项的干扰而导致丢分，如果基础知识难以掌握牢固，不仅客观题容易丢分，以此为基础的论述题等主观试题就更难获得满意的分值。到了初中三年级，面临着中考，这一学年的学习计划就应注重对知识的系统性的把握，在学习中做到从知识点到知识面的转化，达到知识的融会贯通，锻炼解决问题的能力、技巧。另外，有些同学小升初考试结束，还没有进入初中学习，就开始踌躇满志地开始为自己制订初中三年的学习计划，这种积极的态度是可取的，但是为了制订一个适合自己的长期计划，最好是在上了几周课，对初中的各科目学习及作息时间有了大致了解后，再开始认真制订阶段计划。这样制订的计划才具有现实指导意义，计划一旦制订，不要随意进行大的变动，避免朝令夕改。

因为实际中学习生活变化很多，因此长期计划往往不需要很具体。有长远计划，却没有短期安排，目标是很难达到的，所以两者缺一不可，长远计划是明确三年的总体学习目标，并进行总体、宏观安排，而短期安排则应是具体的行动计划，即把较大的任务分配到每周、每天去完成，使长远计划中的任务逐步得到解决。只有做好短期计划并踏踏实实执行，才能最终实现长期计划。

(二) 短期计划

短期计划是指一周、一日的安排及考前复习阶段的时间安排等。一般来说，周计划、月计划以学校的时间表为制订依据，同时根据实际情况，发现问题及时对学习计划进行调整。与长期计划相比，短期计划具有更强的操作性。它对一周、一日内预习、复习哪些课程、读哪些书都做了详细的安排，使自己清楚在每一个时间段要做什么事情，使自己的学习和生活有条不紊地进行。

下面是某中学一住校生一周的短期学习计划表。

表 2-1　短期计划表[1]

时间＼星期	一	二	三	四	五	六	日
6:30—7:30	读英语	语文、英语	英语	语文	读英语	读英语	休息
8:20—10:00	上课	上课	上课	上课	上课	整理数学笔记	复习语文和化学
10:20—11:05	上课	上课	上课	上课	上课		
11:15—12:00	上课	解决前几节遗留问题	上课	解决前几节遗留问题	上课		
12:30—14:00	午休 自由安排	午休 自由安排	午休 自由安排	午休 自由安排	午休 自由安排	午休 自由安排	午休 自由安排
14:15—15:00	上课	上课	上课	上课	上课	自由安排	做数学模拟题
15:10—15:55	上课	上课	上课	上课	上课		
16:05—16:50	数学	数学	数学	数学	数学		
17:00—17:45	课外活动	课外活动	课外活动	课外活动	课外活动		
17:45—19:00	晚餐以及杂务	晚餐以及杂务	晚餐以及杂务	晚餐以及杂务	晚餐以及杂务	晚餐以及杂务	晚餐以及杂务
19:00—22:00	数学、化学	数学、物理	生物、化学	化学、生物	物理、数学	自由安排	评定计划

说明：这是一个粗线条的时间表。由于该学生在数学上感到吃力，希望尽快赶上，故在时间安排上对数学有所侧重。

三、如何制订学习计划

(一) 学习计划的构成要素

一个好的学习计划应当是切实、具体以及全面的，一个完整的学习计划主要包括以下内容：学习目标、时间安排、标准及方法措施。

第一，学习目标。包括重点的确定，方法的改进，如课堂听讲应注意什么，复习、

---

[1] 学习策略课题组编 . 学习的策略 [M]. 北京：红旗出版社，1999：330.

预习应怎样进行等；具体目标，如期末各学科的成绩要达到什么水平等。第二，时间安排。上述的各项任务的目标要想落实，必须有时间保证，所以在计划中一定要对完成各项任务的时间做出具体的安排，这里应注意，一方面要尽可能地准确，另一方面又要留有余地，以便根据情况变化做出调整。第三，具体标准。规定出明确的标准是计划中不可缺少的一部分，没有标准的学习计划是空洞的计划，也很容易落空。比如计划每天回家后记20个英文单词，到底怎么才算记住了，是会背、会默写，还是会读，要有明确的要求。第四，制订完成学习任务的条件、策略方法和具体措施。

(二) 学习计划的制订步骤

以上是一个完整的学习计划所包含的内容，制订学习计划还要遵循一定的程序，概括起来，主要可分为以下几个步骤：

第一步，要分析现有条件，即自身已具备的学业基础及教学进度、可支配时间等实际条件。要明确自己在现阶段各科学业处于什么水平，哪些科目偏科比较严重等，了解老师的教学进度，妥善安排常规学习实践和自由支配时间。从实际出发来制订计划，不要脱离学习实际，要符合自己现在的学习水平和条件。

第二步，确定目标。有些同学制订计划时，满腔热情，计划得非常完美，可执行起来却寸步难行。这便是因为目标定得太高，计划定得太死，脱离实际的缘故。只有确定了明确、可行的目标，才能围绕目标进行具体的学习计划的安排，做到有的放矢。

第三步，为达到目标选择恰当的方法、措施，这是制订学习计划的关键，它包括学习时间的分配、各学科的调换和搭配以及休闲娱乐生活的安排等。

第四步，不断完善调整计划。计划制订好后，在执行了一段时间后，就应当反思一下效果如何，如果效果不好，就应该找找原因，及时进行调整。可以从以下方面进行回顾：是否完成了计划中的学习任务？效果如何？如果有任务没有完成，原因是什么？通过检查后，再修订学习计划，改变不科学、不合理的地方。

（三）制订学习计划应遵循的原则

1．全面性

在制订计划时，为了保证拥有持久学习的动力和资本，应当对学习生活做出全面的考虑和安排。对于中小学生来说，学习肯定是一份计划中的主要内容，但除了规定学习的时间外，还应当兼顾多个方面，安排好锻炼身体、睡眠休息、娱乐休闲的时间。有的学生制订学习计划时，只考虑三件事，即吃饭、睡觉和学习，这种"单一"的学习计划，使得学习生活单调乏味，容易产生疲劳，既影响学习效果，也影响全面发展。因此，在制订学习计划时，应当这样才能保持旺盛的精力，使学习生活丰富多彩，避免对学习产生厌倦，最终达到全面发展的目标。

2．突出重点

在制订计划时，不要平均分配时间，眉毛胡子一把抓，而是要突出重点。所谓重点，第一是指你学习中的弱科，二是指知识体系中的重点内容。在计划中，要重视薄弱学科的时间倾斜，另外对各学科的重要知识点要安排好预习、复习时间。

案例2-1 某生的学习总结

以下是某生对自己上学期学习的总结："上学期年级排名第一名的是295分，而我的成绩是270分，主要差在物理学科，物理我只得了75分……上学期数学所用时间过多，实际用于物理的时间比例不过是全部学习活动时间的十分之一，本学期要把物理所占时间增至五分之一，数学稍减一些；语文、英语、化学、历史、地理、生物等各个科目都要根据自己的水平进行调节。"[1]

因为学习时间是有限的，人的精力也是有限的，所以制订学习计划时要突出重

---

[1] 赵建．快速掌握最有效的学习方法 [M]．北京：海潮出版社，2006：130-131．

点，才能补漏拾遗，最终实现各科目齐头并进。

3. 文理搭配、张弛有度

在学习计划中，安排科目学习时，要考虑文理交替安排，相近的学习内容不要集中在一起。例如，一晚上的复习内容不要全安排为数学、物理、化学或是语文、历史、地理，应当将其穿插开，这样有利于提高学习效率。另外，学习是脑力劳动过程，长时间的用脑容易产生疲劳，降低记忆力、想象力。因此在安排计划时，应考虑学习与休息要交替安排，做到劳逸结合。比如，学习了两三个小时，就应当休息放松一下，再回来学习。休息的时间，可以到户外呼吸一下新鲜的空气，眺望一下远方缓解眼部疲劳，或是活动一下肩、颈、腰等身体部位，但学习间隙的休息，不适宜做太剧烈的运动，以免因神经的过度兴奋和身体上的劳累，影响下一个学习计划的执行。

4. 遵循人体生物钟

在制订计划的过程中，还要注意遵循人的身心活动规律，只有在此基础上制订学习计划，才能提高学习效率，使制订的计划达到事半功倍的效果。在早晨或晚上，可以安排着重记忆的科目，如外语。心情比较愉快，注意力比较集中，时间较完整时，可以安排比较枯燥或自己不太喜欢的科目。零星的、注意力不易集中的时间，可以安排做习题和自己最感兴趣的学科，这样可以提高时间利用率。

(四) 制订学习计划应注意的几个问题

制订学习计划，除遵循以上原则外，还应注意以下几个问题：

1. 要留有余地

俗话说，计划赶不上变化。计划终归不是现实，只是一种可能性。制订计划不要太满、太死，要留出机动时间，使计划有一定的机动性，以免计划经常被打乱，无法正常执行。给计划留有一定的余地，这样完成计划的可能性就增加了。除了突发情况会干扰我们的计划外，在执行计划的过程中，也需要我们根据学习的需要及时调整自己的计划，包括目标的调整、方法的调整、措施的充实完善等。如果计划制订得过于死板，则不利于实行过程中对计划进行完善，往往导致牵一发而动全身，打乱了所有的安排。因此，在计划执行过程中，既要遵守计划、严格执行，又要适时而变、不断调整。

2.重点安排自由学习时间

对于在校生来说，学习时间主要可以分为两类，即常规学习时间和自由学习时间。常规学习时间指按学校规定的学习时间，自由学习时间指除常规学习时间外的归自己支配的时间。我们应该提高常规学习时间的效率，增加和正确利用自由学习时间，掌握自己的学习主动权。自由学习时间内的学习效果，对改变学习现状具有重大作用，因此，自由学习时间的安排应当成为制订学习计划的重点。

有一个高中生化学学习成绩一直不好，原因是初中的化学没学好，他下决心要把初中化学补上，为此，在学习时间上做了如下的安排：每天抓紧时间先完成老师当天布置的学习任务，在完成了当天学习任务的基础上，每天起码要挤出一个小时时间，系统地复习初中化学。在这里，他把学习时间鲜明地分成了常规学习时间和自由学习时间两部分。

一个学生，如果看到自己学习水平不高或者想急于改变学习现状，那就应当以分秒必争的精神去抓自由学习时间。一旦抓住自由学习时间，并且体会到抓住自由学习时间而给学习带来的好处之后，他们就会努力去提高常规学习时间的效率，以增加自由学习时间，使自己掌握的学习主动权越来越大。

3.善于利用零散时间

对学习较差的学生来说，在开始阶段，自由学习时间几乎没有或者很少，因为他们每天能完成老师当天布置的学习任务就很不容易了。由于开始阶段自由学习时间较少，所以，一般学生往往不容易抓紧，这也恰恰是他们被动的学习局面难以改变的原因。因此，应善于利用零碎时间，与成块时间相比，零碎时间反倒不容易导致大脑疲劳。对零碎时间的利用办法有两种，一种是利用零碎的时间去完成一些自己感兴趣、需要时间比较少的、比较灵活的学习任务，如做点习题之类的事。第二种是把分散的零碎时间集中起来使用。时间是分散的，但学习的内容是集中、专一的，这样，在零碎时间内也能完成比较大的学习任务。

案例2-2 利用回家途中的时间背单词

以下是某班同学们在老师的指导下，利用放学回家途中的时间来学习的例子。

一天放学，我请这两位同学留下，说："你们不是背英语单词费劲吗？那就给自己制订个计划。从学校走到你们家需要用多少时间？""10分钟。""那好，10分钟，不要多背，就背一个单词。回来的路上再背一个。可以吧？""10分钟背一个单词，一定能背会。""那好，每天上学往返4趟，就是4个单词，一年下来就是1000多个。不要说一天4个，就是一天两个，一学期就有600多个，现行的教材，你们学起来就一点都不难了。"

总之，科学的、实际可行的并认真执行的学习计划，必将使学习效率大大提高，意志品质大大增强，从而对学习的成功越来越有信心，随之而来的是学习丰收的喜悦。而那些不科学的、脱离实际的、为应付老师而制订的、不认真执行的计划，只是一纸空文而已。

第二节 课前预习指导

一、课前预习的重要性

"凡事预则立，不预则废。"学习也是如此，只有事先有所准备，才能提高学习效率,而这个事先的准备,主要指的是知识准备,即课前预习。预习是指学生在教师讲授知识之前,对新知识事先进行自学准备的学习过程。预习在学习知识的整个过程中有着不可低估的作用,是学习知识的一个重要环节。其主要任务是复习、巩固有关的旧知识,初步感知新教材,找出新教材的疑难点,为学习新知识扫清障碍做好准备,做到"有备无患"。

（一）有利于提高听课效率

首先,学生通过课前预习,对所新课程有整体把握,对于新课的内容,哪里是难点、重点都有了大致了解,这样在教师授课时,学生更容易跟上教师的思路,对教师提出的教学要求也更明晰其目的何在,避免盲目、被动地学习。其次,学生在预习新课程时,总会有不懂的内容,对看不懂的地方要作出记号,这些地方成为学生课堂听课的重点。因此,课前预习可以使课堂学习更有针对性,在上课时,带着疑问或求证的心态来学习知识,学习的兴趣和主动性很容易被调动起来,注意力也容易集中,听课效果自然会好。

（二）预习可以实现温故知新

古语云:"温故而知新。"知识具有较强的逻辑性和连贯性,已学知识是新知识的基础,只有基础牢固,才能学得扎实。课前预习在学习新知识的同时,往往需要对已学知识进行回忆,以发现对已学过的相关知识掌握得不牢固或有所遗忘的地方,因此,预习的过程同时也是一个发现薄弱知识的环节。为此需要马上对这些知识进行复习、巩固,这样一方面,预先扫除了听课中会遇到的一些障碍,为顺利学习新内容创造条件。另一方面,系统地复习过去学习这门学科时没有弄懂的地方或遗忘了的地方,最终使学习逐步转为主动,学习成绩也相应会上升。除了学生自主预习,教师也可有意识地给学生布置作业,指导其将预习与复习结合起来,真正做到温故知新。

例如，一位历史老师在讲课过程中发现自己班级的同学由于基础较差，普遍存在新旧知识对接的卡壳现象，于是针对每节课的内容提前布置一些与新知识相关的旧知识，他要求每位同学准备一个预习本，对每次预习题目都要认真查阅资料，最后书面整理到预习本上，实现新旧知识的对接。

(三) 预习可以提高记笔记水平

在课堂上常常会看到这样的现象，有些学生在课堂上记了笔记就顾不上听课，听课就没有时间记笔记，笔记没记完又要按教师的要求去做习题，一堂课下来忙得不可开交，但学习成绩却总上不去。这些同学为何在课堂上顾此失彼，使听课与记笔记看似成了一对不可调和的矛盾。究其原因，主要是因为没有做好课前预习，对于整堂课的重难点没有把握，上课时，老师讲什么都认为重要，于是都想记下来，最后既没有听好课，也没有记全笔记。如果课前对新课程进行预习，对于老师讲的内容有所把握，那么在上课时，有的可以不记或少记，着重记录书上没有的或预习中不懂的知识点，从而提高记笔记的水平。

(四) 有利于培养和提高自学能力

课前预习实际上是学生通过自己的思考，对即将所学知识进行的自学，是独立学习的尝试。学生在预习中对不懂的知识点自己查找答案，由自己确定重点、关键，洞察到隐含的思想方法等，都能及时在听课中得到检验、加强或矫正，有利于提高学习能力和养成自学的习惯。例如，学生在预习课文时遇到不理解的字词，就可以运用老师平时教给的方法或者运用工具书等去理解。扫清阅读障碍后再根据老师教给的分段方法理清文章脉络。这样一来，学生在课堂上学到的知识方法就可以得到充分的运用，达到学以致用的目的，长此下去，学生的自学能力就会得到提高。

二、掌握科学的课前预习方法

虽然很多同学已经认识到课前预习的重要性，但是对如何科学、有效地预习却一头雾水，不甚了解。有些同学认为翻翻教科书，大致了解明天要学习的内容，就是完成了预习，如果这样做，预习的效果必然大打折扣。因此在学生有了预习的意识后，教师还要有意识地指导学生掌握科学的课前预习方法。概括起来，大致可以分为以下几个步骤：

（一）阅读教材

开始预习时，首先将预习的内容迅速浏览一遍，通过第一遍的概读对新知识有个大致的了解，并找出自己没有读懂、理解的问题。

案例2-3 对《塞翁失马》一文的预习

在预习语文课《塞翁失马》一文时，通过快速阅读同学们首先了解了课文中的人物、时间、地点及故事情节。但是通过第一遍的略读，很多同学可能对于塞翁的"失马"、"得马"到底是福是祸以及这则故事蕴含的生活哲理是什么还不甚理解。尤其是在阅读的过程中，由于是古文，还有个别字的意思、读法也模棱两可。带着这些问题，同学们进行第二遍阅读，这一次要详细阅读，并且边阅读边仔细思考，争取将第一遍阅读留下的疑问搞清楚。对于仍然不理解的地方，如果是因为已学的知识掌握不牢导致的，那就要翻找学过的内容，及时地进行复习、巩固，做到拾遗补缺。如果是不认识的生字、生词，可以通过查工具书来解决。

通过对新课内容的一次略读、一次精读，学生对新课的概念、定义或公式基本有了基本的了解，为顺利听课扫清了障碍。

（二）标记出重点、难点

在预习时，同学们要把新课中的重点和难点找出来，这样对教师的讲授做到心中有数。俗话说："好记性不如烂笔头。"在预习中找出新内容的重点、难点还需要同学们勤动笔，将其标注清楚，这样在上课时对哪些是重点、哪些是难点一目了然。我们可以边阅读边标注，第一遍阅读时标出课文的重点、难点，例如，重点可用

"——"标明，难点可用"△"标明，疑点用"？"标明等。第二次阅读时，初读时留下的一些难点、疑点被"化解"了，这样可将不必要的标识删去。因此，建议同学们在进行标注时，最好使用铅笔，便于随着学习的进展及时更改，不至于使课本变成了"涂鸦"。对于标记的符号，没有统一的规定，同学们可以根据自己平时的学习习惯和喜好来选择，但每名同学一旦形成定式，就不要轻易更改，以免造成因混用标记符号导致的混乱。标记好重点、难点后，当老师讲到这些知识点时，学生会自觉地集中注意力，认真地听讲。尤其对于自己预习中没弄懂的知识点，学生在上课的时候会特别留意老师的讲解，来解除心中的疑惑，这样，通过预习对新课内容重点、难点的把握，让学生带着问题听课，学习的目的性增强了，学习的积极性和兴趣自然被激发起来，学习效果一定十分理想。

(三) 做好预习笔记

在预习中，如果要对知识内容进行系统归纳、记录疑难问题，仅在课文中靠符号标注是远远不够的，因此需要做好预习笔记。预习笔记可以在第二次阅读课文的时候边读边做，也可以在阅读课文结束后再整理。预习笔记的内容主要包括：一是每节课的重点、逻辑顺序等，可以用列提纲的方式进行归纳；二是预习时遇到的疑难问题；三是在查找工具书和资料时获得的与本课相关的内容；四是对此课预习过程中收获的心得体会。例如，对一篇英语课文做预习笔记，就包括摘抄新短语、新语法、典型句型，将疑难点记录下来，温习与本课相关的旧单词、旧语法等。有些同学喜欢将预习笔记直接写在书上，但如果把段落提要、个人见解等都记在课文上，则显得过于潦草、混乱。因此，建议同学们准备专门的笔记本来记录。在做笔记时，可以考虑用表格、树状图等方式记录，尽量做到简明扼要、一目了然。另外，在预习笔记上要留出一定的空白，方便将老师讲课的有价值的内容补充进去。所以可以将预习笔记同课堂笔记合二为一，使课堂笔记成为预习笔记的补充和延伸。

（四）选择习题来试解

很多人认为预习就是上面讲的几个步骤，预习、划重点难点、做笔记等，让我们来回顾一下，是否有过这样的经历，许多同学在翻看书本进行思考后，感觉对新课的内容已经大部分都掌握，可是一做试题，就发现这个公式记不准了，那个字不会写了。其实做习题并非复习中才能用到，它也是预习中必不可少的一个环节。首先，习题是课文重点、难点的体现，提前做习题可以了解课文的重点和难点。

例如，对于"氧气的制法"一节，通过课本中习题试解后，就能理出本节的重点内容是：①制取氧气的原理；②制取氧气的装置、氧气的收集方法；③催化作用和催化剂的概念；④分解反应概念、特点等。

其次，习题是对书本知识的灵活应用能力的考查，是检验学习效果、巩固知识的重要手段。通过解题找出薄弱知识点，进行巩固和再思考，如果仍然无法解决就将其标注，在教师授课时集中注意听讲或向老师提出问题。

在预习中的解题环节，还应注意以下两点，第一，在试题的选择上，与复习不同，预习中的试题建议同学们立足于教科书，不宜使用单独的练习册。因为教科书后的习题更关注基础性知识的掌握，练习册则比较侧重考查学生对知识的活学活用的能力。第二，对于一些习题，因为是未经正式学习的知识，如果同学们经过思考仍不得要领，建议将其留到课上解决，不提倡在预习阶段对某个问题冥思苦想，这样很可能白白浪费了时间，甚至有可能留下错误的印象。

三、提高预习效果的几点技巧

（一）合理安排预习时间

预习的目的是为课堂学习打好基础，但每天的课堂学习和课后作业等会占据中学生大部分的学习时间，因此必须合理安排预习时间，不能因为预习重要，就大量挤占做其他事情的时间，如果那样做，只能得不偿失、适得其反。首先，应当有效地利用每天的预习时间，预习科目、章节应以明天要上的课程为主，这样预习与授课的时间间距较短，对课程内容的记忆会比较深刻。其次，除课前预习外，还要重视阶段预习与寒暑假预习。阶段预习是指利用周末、节假日等大块的时间，对课程内容中的一章或几章进行预习。也可以利用寒暑假的充裕时间，对下学期的新课进行预习。例如，对下学期要学习的英语单词、语法，进行记忆、背诵，这样的预习虽然时间跨度较大，但也会在大脑中留下印象，开学后在对其进行学习时，也会很容易。第三，要合理调控预习时间。预习的目的是对新知识有大致了解，整理出重点、难点。在预习中遇到难题时，可以积极寻求答案，但切忌穷追不舍，为解决一个问题花费大量的时间和精力，耽误了其他事情。

（二）科学安排预习科目

每天的预习时间是有限的，按照课前及时预习的原则，每天预习的科目主要以第二天开设的课程为主。但是即使这样，一天开设的科目种类也有四五门之多，如果全都预习或是均等分配时间预习，就会出现时间不够用、预习质量下降等问题。因此，在合理安排预习时间后，还应科学安排预习科目。那么哪些科目应当重点预习，这主要是根据每个人学习的具体情况来判定。比如有些同学对语文、英语的学习一直比较顺利，那么就在预习时少分配些时间，可以考虑用课间休息或午休的时间来浏览一遍，就能达到比较好的预习效果。应当集中精力预习薄弱学科，这样有利于建立对此学科的学习自信心，也可以在预习中将新旧知识更好地结合在一起。

（三）根据科目选择预习方法

在预习中，由于各科目都有自身特点，因此要根据不同的科目选择不同的预习方法。例如，预习语文、英语课时，应把预习的中心放在对字、词、语法、段落大意的记忆和理解方面。对于数学课，在预习中就应当遵循以下顺序，首先掌握公式原理的推导过程，然后参看例题，加深对公式的记忆，然后试着对课后习题进行解答。再比如，对于物理、化学类课程，除了记忆公式、原理、列出重难点外，还可以对预习中涉及到的内容进行实验，自己动手试试有利于加深对知识的理解和记忆。

例如，在预习物理课的浮尘问题时，就可以进行简单的实验。取一深玻璃杯，倒入适量的清水，将一个生鸡蛋放入玻璃杯中，可以看到鸡蛋沉入水中。然后逐渐向杯中放入食盐，并不断用筷子搅拌，可以看到鸡蛋悬浮于水中任意位置；继续向杯中放入食盐，鸡蛋会继续上浮，最后漂浮于水面上，通过观察鸡蛋在盐水中的浮沉状态思考原因，最终验证液体密度越大，浮力也越大。

第三节　有效听课指导

课堂教学活动是教师的教和学生的学所组成的一种人类特有的人才培养活动，通过这种活动，教师有目的、有计划、有组织地引导学生学习和掌握文化科学基础知识与基本技能，促进学生多方面素质全面提高，使他们成为社会所需要的人。学习成绩好的学生都十分注重课堂45分钟的听课效率。很多同学虽然知道课堂学习的重要性，但因为掌握不到要领，导致课堂听课效率低，即使课外花很多的功夫也难补上，最终影响了学习成绩。要提高学生课堂的听课质量，一方面教师要提高授课质量，另一方面更要把重点放在如何指导学生听课的策略上，让学生逐步养成良好的听课习惯。

一、做好听课前的准备工作

听课准备工作做得好坏，将直接影响听课的质量。听课准备工作主要包括这样几个方面的内容：

（一）物质准备

古语云："工欲善其事，必先利其器。"学习也是同样道理，在上课前，利用课前休息时间应准备好课本、笔记本、钢笔等常规学习工具。如果等上课铃响了，才匆忙想起翻课本、找钢笔，使一堂课在忙乱中开始，更有同学在上课后才发现课本落家了或是钢笔没水了，这些看似小事情却会干扰听课状态，长此下去一定会影响学习成绩。另外，教师往往根据新课的需要，让同学们准备一些物品。如果没有事前做好准备，就很可能失去了动手操作来探寻知识的机会，当其他同学做实验时，自己却无所事事，白白浪费了课堂的宝贵时间。

（二）知识准备

知识准备主要是指与新课内容相关的旧知识及新课涉及到的扩展性知识。学习知识是循序渐进的过程，新知识建立在旧知识的基础上，对旧知识的准备主要是通过预习的方法，了解自己是否掌握了学习新课需要的旧知识。如果发现自己对已学过的知识有所遗忘或掌握不够牢固，就要在听课前及时补上。这样才能保证在教师讲新课的时候听得懂、跟得上。除此之外，网络时代建立的信息高速公路，打破了获取知识单纯依靠书本、教师的单一途径。同学们对新课涉及的扩展性知识，可以借助网络来查找，丰富、加深了对新知识的了解，同时也培养了搜集信息、整理信息的能力。教师也应有意识地布置一些课前作业，培养学生这方面的能力。

例如，语文课《观沧海》一课，在学习之前，让学生利用网络或书籍去全面地了解作者曹操的人物性格、此诗的创作背景等。又比如学习物理课"杠杆"理论，让学生找找在生活中哪些现象是利用了杠杆原理，然后通过课堂学习来验证对错。

（三）身心准备

中学阶段是身体发育的重要阶段，加之课业压力较大，要想保持充沛的精神状态，必须拥有良好的身体素质作为保障。

第一，不要因为课业压力繁重，就放弃了锻炼身体的机会，要知道，强健的体魄是高效学习的重要保障。

第二，要合理安排好作息时间。有些同学学习喜欢开夜车，认为夜深人静，学习不易受干扰，却因睡眠不足而导致第二天上课时无精打采、哈欠连天，这样做实在是得不偿失。因此，中学生要保证充足的睡眠时间，做到每天8小时睡眠，并且养成早睡早起的好习惯。

第三，要科学利用课间休息时间。课间十分钟的休息时间虽然不长，但建议同学们走出教室，呼吸一下新鲜空气，也可以做一些轻松的运动来缓解疲劳，这样可以使大脑变得清醒，以更好的状态投入下堂课的学习。

第四，保证积极的听课态度。在上课时，要怀着强烈的求知欲望和浓厚的学习兴趣去听课，使大脑处于高度兴奋状态，认识到课堂听讲对提高学习成绩的重要意义，只有树立强烈的课堂学习有效性的观念，才能使学生在课堂上注意力集中，思想始终处于积极活跃的状态。

二、集中注意力听讲

要提高听课效率，注意力的集中是重中之重。注意力指的是长时间专心于某一事物的品质。凡是学习成绩好的同学，在课堂上听讲的注意力都十分集中，紧紧跟随老师的讲课思路，在课堂上专心于听课、解题，不受外界其他因素的干扰。虽然集中注意力对提高听课效率意义重大，很多学习成绩不理想的同学也意识到这一点，但是真正做起来，却发现集中注意力对他们来说是一件不那么容易的事情。那么如何帮助这些学生集中注意力呢？

第一，要保证听课过程中坐姿端正。有些同学听课时，如果老师没有要求，就喜欢用手支着脑袋或是干脆趴在课桌上听讲，这样的姿势不利于身体成长发育，同时也使人提不起精神，很容易昏昏欲睡。

第二，眼、耳、手、脑、嘴齐动员。一些同学反映上课前虽然告诫自己一定要认真听课，但上课一段时间后，不知不觉就溜号了。影响注意力集中的原因主要有以下几点：一是由于课程落下的比较多，越听不懂越提不起兴趣，自然就无法集中注意力了；二是由于长期以来已经养成了上课开小差的习惯，不良的听课习惯一旦养成，改正起来比较困难。

鉴于以上两点，首先要抓紧利用课余时间将已经落下的课程补上，另外要意识到如果现在仍不注意听课，再努力补习也收效甚微，只能是被越落越远。其次，为了集中注意力，上课时要做到耳听、眼看、手写、脑想、嘴说。具体来讲，耳听指的是认真聆听老师的讲课内容；眼看是指认真看课本、看老师的板书；手写是指听课时记下老师的讲课重点，做好课堂笔记；脑想是指在课堂上对所学知识积极思考，做到在理解的基础上掌握；嘴说主要是在课堂上积极参与讨论，积极回答老师的问题，对不清楚的地方在适当的时机向老师发问。做到这几点，能够帮助学生全身心投入到学习中，紧跟老师的授课思路，有效地避免溜号。

三、抓住讲课重点

一堂课45分钟的时间虽然不长，但如果要求学生每堂课始终保持精神高度紧张、集中的状态，一天下来会使学生感到十分疲惫，这也是不现实的。另外，教师以班级几十名同学为授课对象，不可能完全照顾到每一个学生的学习需求，因此，学生可以根据自己的实际情况，调整自己的听课活动。有效听课的策略之一就是要抓住老师讲课的重点，对于重点内容的讲授一定要集中注意力去听、去记，做到有张有弛。那么确定一堂课的重点则成为关键，每节课由于科目不同，内容不同，重点自然不同，因此学生需要掌握判定重点的标准。第一，根据课前预习情况来确定。自己预习中没弄懂、不确定的疑难问题，一定是这堂课听课的重点，当老师讲到这个知识点时，一定要认真聆听，争取通过老师的讲解将其弄懂。第二，在讲授过程中，老师反复强调的、用符号标记出来的或是用语言提醒学生注意的，都是重点内容，这部分内容也一定要集中注意力认真听讲。

四、做好课堂笔记

课堂笔记是记忆和理解知识、提高学习成绩的重要途径。坚持做课堂笔记，可以使我们思想集中，同时，在做笔记时对授课内容进行再次强化，加深了记忆。因此，如果想提高听课效率，做好课堂笔记是十分必要的。那么，怎样才能做好课堂笔记呢？

第一，遵循"以听为主，以记为辅"的原则。要使笔记在学习中发挥功效，首先要处理好听讲和记笔记的关系。有些同学上课时只顾着埋头记笔记，希望把老师所讲内容一字不落地全记上，造成的结果是忽略了听课，跟不上教师的讲课思路了。这种做法是主次颠倒，不仅起不到促进学习的作用，反而影响了课堂质量。在课堂上，把主要精力放在听讲上，在"记"的方面，着重记以下几方面，即知识结构、关键词语、典型事例及课本上没有的内容。另外，如果在听课过程中遇到不懂的问题，切记不要停下来冥思苦想，应先将问题记下来，留到课后去解决，这样才能跟上授课进程，保证听课的连续性。

第二，笔记要尽量完整而层次分明。做课堂笔记时，在保证不影响听课效果的前提下，力争将每堂课授课的重点、难点、疑点记全，这样可以使自己集中精力，边听边积极思考，抓住重点，重新归纳，提高听课效果。另外，在记录完整的基础上，好的笔记应做到层次分明，使自己或他人一看到笔记就能对本堂课的关键知识点一目了然，这样有利于提高复习效率。要做到这一点，就需要增强记录时的条理性，可以采用分段分条记录的方式或是使用符号、彩色笔来标注出重点、难点等。

第三，采用多种记录形式。可以使用图表法及利用符号和缩写来记录课堂内容。

以下是一例使用图表法记录初中物理课"惯性"的授课内容。

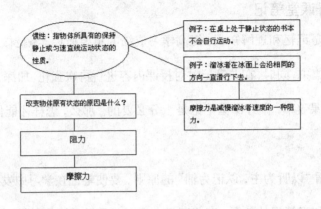

图2-1 采用绘图法记笔记[1]

另外,要提高记笔记的速度,使用符号和缩写是一条捷径。因为笔记是自己使用的,所以可以适当降低对笔记规范性的要求。比较常用的符号和缩写有以下一些:

e.g.	——	例如
=	——	等于或与……相同
>	——	大于
<	——	小于
≠	——	不等于或与……不同
+	——	和
∵	——	因为
∴	——	所以
/	——	或者
※	——	重点
?	——	疑点

第四,要经常整理、复习课堂笔记。如果把花费了大量时间和精力记录的笔记在课后就束之高阁,那就失去了做笔记的意义。在课后结合教材,应把课堂上来不及记或记不全的内容尽量补全。同时,笔记要留有空白,以便课后补充和修正。可以考虑将笔记本每页都分成两部分,用竖线隔开,宽的一侧记课上老师讲授的内容,窄的一侧主要用于课后填充相关知识及记录心得体会等。

例如,学习高一化学的"离子反应、离子方程式"时,可以把初三化学的"离子"、

---

[1] William H.Peltz 著, 蔡艳芳译. 中学生有效学习技能指导 [M]. 北京:中国轻工业出版社, 2009:33.

"电解质"、"电离"、"复分解反应"、"复分解反应发生的条件"等这些旧知识补充进去。[1]

因为笔记是每个人的教科书，其适用性更强，内容更丰富，因此应经常翻阅复习笔记内容，加深记忆，这样才能使笔记发挥持久、更大的功用。

最后，要想提高听课效率，还要及时总结听课效果。每次课结束后都应对本堂课的学习情况做个小结，及时进行回顾和反思。可以考虑从以下几个方面入手：本节课学习的重点、难点是什么；本节课所讲的知识与旧知识有什么联系；本节课在哪些地方还未弄懂；本节课的听课状态如何，是否有走神现象；课后应如何巩固本堂课的听课效果。

第四节　有效复习指导

复习就是指再现和回顾已学过的知识，对其进行消化、吸收及系统再加工的过程。孔子曰："学而时习之，不亦说乎。"复习是学习的重要环节，通过复习巩固所学的知识，可以防止遗忘已学过的知识，并有助于掌握新旧知识的内在联系。

一、复习的种类

（一）课后复习

课后复习的主要目的在于理解和巩固当天学到的知识，体现了复习的及时性原则。有些同学在日常学习中并没有深刻认识到复习的重要性，有人认为对当天课堂上所学的知识掌握得不错，不需要复习，或是因为作业较多，还要预习、休息，觉得没有时间再复习，因此许多同学容易忽视课后复习这一环节。

首先，教师应向学生讲明课后复习的重要性。记忆的遗忘规律说明，学习后的遗忘过程是不均衡的，最初一段时间忘得很快，以后就逐渐变慢。如果做到及时复

---

[1] 赵建．快速掌握最有效的学习方法 [M]．北京：海潮出版社，2006：42-43.

习，所记内容在很短时间内就会遗忘很多，以后随着时间的延长，遗忘量逐渐增加，但遗忘增加的速度却渐渐慢下来。所以说，以往在考生中盛行的"车轮战"或"突击式"的复习方法是违背遗忘规律的。实际上，这两种方法都是在以往学习内容差不多完全遗忘的情况下进行复习的。所以这样的复习既不经济又无效率。如果在学校或首次复习之后的最短时间内重新投入复习，则可省去许多宝贵时间。但是需注意一点，及时复习的时间间隔不是越短越好，要因人而异，另外，及时复习的方法较适合于文字材料的背诵，如单词、文章段落、大论述题等。

为了保证每天能进行课后复习，应要求学生在制订当日的学习计划时，把课后复习作为计划的一部分。同时，课后复习还应遵循一定的策略和步骤，总的来说，课后复习主要按以下程序来进行：

1. 重现知识

在课后复习时，不要急于翻看书本来复习当日所学内容，可以尝试通过思考重现知识。重现知识就是对当天所学的知识进行回忆的过程。重现知识可以通过以下几个主要问题作为线索：这堂课老师讲了哪几个问题？每个问题的具体内容是什么？这几个问题之间有何关系？可以边回忆边动手写出来知识概要，如果能够清晰明了地回忆出来，证明对这个知识点的掌握较好。如果回忆不出来或是模棱两可，也不要马上就翻查课本，应当开动脑筋，积极地通过其他相关知识线索来尝试回忆，如果仍然无法准确把握，则说明对该问题的课堂学习不到位，需要在接下来的复习中进行加强。与单纯的翻书复习相比，重现知识的方法有其不可比拟的优点。首先，通过重现知识，能够及时检验当天的学习效果。其次，回忆过程是对所学知识的再思考的过程。第三，提高了复习的针对性，重现知识过程中，那些回忆不清的知识点将成为复习的重点。

2. 阅读课本

课本是学习知识的基础教材，相比于参考书，教材上的内容更系统化。因此，在复习时，应当重视教科书的作用，复习时若不认真钻研教科书，则难以达到教科书的基本要求，也难以系统地掌握中学阶段所学的知识。在阅读课本时，可以不必像预习时那样详细阅读，可以考虑有所侧重，重点是那些在"重现知识"环节中无法全面回忆的知识点，要马上去求证以加深印象。为达到质量较高的阅读，可以在书页的空白处，用少量文字，把书的重要内容简单地概括出来。许多优秀学生的学习实践表明，对教材理解得越"透"，掌握得越牢，作业就做得越好，越节省时间。

3. 整理课堂笔记

如何高效地记录课堂笔记，前面已有详述。在课后复习中，也要重视对课堂笔记的整理。如果只是在课堂上勤奋地记录，课后却从不翻看，课堂笔记则失去了其一大半的功效。笔记在复习中是尝试回忆、阅读教材的线索和纲目，又要通过阅读教材来整理课堂笔记，使其达到知识深化、系统化。整理笔记的任务主要有，首先是补充内容，一是将课堂上该记却没记的内容补上，使知识系统化；二是课堂学习后如有新的发现、体会，也要及时补充进去。其次是进行校对，对课堂记录时不太准确的地方与课本进行校对、更正，避免因错记影响复习质量。通过对课堂笔记的整理、补充、修正，在下次复习时，将会大大节省复习时找资料、重新思考、临时归纳的时间，成为今后系统复习的宝贵资料。

4. 练习

练习包括作业及实际操作，其中以完成作业为主。完成作业是学生加深对所学知识的理解，逐步达到牢固掌握、熟练灵活地运用的过程，是将知识转化为技能、技巧的关键。学生对知识的灵活运用和掌握以及对知识的进一步理解，都要在一定的练习之后才能达到。但作业量并非越多越好，搞题海战术只能是加重学生负担，达不到复习的功效。因此，教师在布置作业时要适量，更要关注作业的"质"。学生在做作业时，不要将作业仅当作老师布置的任务来应付了事，应正视作业的价值，通过完成作业来巩固知识、提高成绩。在完成作业时，要注重对解题方法的总结，找出解题规律，达到举一反三、触类旁通的效果。实际操作主要是指一些理科科目，在课后复习中，除了书面练习外，如果有操作条件允许，可以考虑自己动手操作一遍，以加深印象，这也是复习的一种策略。

（二）系统复习

系统复习的主要目的是对周、月、学期或学年学过的知识进行全面深入的复习，目的在于全面地理解和掌握学科知识的体系。系统复习本质上是对前段学习的知识进行相对集中的再加工的过程。系统复习主要包括阶段复习及总复习两种类型。

1. 阶段复习

阶段复习一般指在一个单元或几个单元课程学习后进行的一种系统复习。在进行单元复习时首先要抓住单元知识主线，理出知识要点，对基础性知识进行单元回顾。单元复习的重点是对自己学习上的难点课程进行重新学习，然后对这些疑难点进行归纳整理，使最近所学的单元知识在头脑中形成知识系统。与复习当天课程内容相比，单元复习内容较多，要安排好整块时间进行阶段复习，比如可利用节假日的时间进行复习。

2. 总复习

总复习一般指期中、期末前的复习或毕业考试复习等。与前几种复习类型相比，总复习的内容最多，难度也大。一般来讲，总复习在方法和程序上基本相同，主要遵循以下顺序进行。

第一步，对知识进行全面复习。与课后复习的及时性相比，由于复习时间与学习知识在时间上间隔较长，知识量非常大，因此，总复习不能像课后复习那样从尝试回忆知识开始，而应从阅读课本开始。全面复习以查遗补缺为目的，采用通读的方式，对课本内容进行全面回顾，一方面可以重拾那些已有所遗忘的知识，另一方面对仍不清楚的知识点，及时查找工具书及请教老师、同学，尽量扫除对知识在理解上的空白，达到对课本基础知识的全面掌握。

第二步，对重点、难点进行复习。通过第一轮的复习，已经基本掌握了此阶段所学的基础知识和基本概念，第二步的复习就应以重点、难点的复习为主。如果注重学习的系统性，那么学生在预习及课后复习中，已将每一章节的重难点知识十分清晰地标示出来了，这是此轮复习的落脚点。选取这些知识进行再次复习，因为它们是考试的重点内容，再次复习可以达到强化的目的，加深印象，有选择性的复习可以节省大量的时间，并提高了复习效率。

第三步，将复习的学科内容形成知识结构，整理归类。第三步需要学生以全局性的视角，对所学的学科知识进行归纳、整理，使之系统化、条理化，达到前后知识的融会贯通。尤其是在升学复习中，更要注重在这一步中将相关知识点串联起来，把同类的、同一时期的事件进行归纳。

例如，对初中历史知识进行复习时，就可以将"中日关系"作为一个专题，按照历史脉络进行整理归纳。在近代史上的中日关系主要以对抗、冲突为主，具体史实有《马关条约》的签订、八国联军侵华、第一次及第二次世界大战期间的种种表现等；在现代史上的中日关系从"冷冻"走向复苏，交往与冲突并存，曲折前进，然后再列举具体史实。

通过整理专题的方式来复习学科知识，能够加强知识联系性，在头脑中形成系统的"知识树"，也更有利于应对考试。

第四步，对各章节进行解题复习。通过做练习题，一方面可以加强复习效果，检验所学知识是否牢固；另一方面是对基础知识、基本原理的活学活用，目的在于考查活学活用的能力。对于习题的选择，也要有步骤地阶梯式递进，首先对教科书后面的习题进行再次练习，已达到巩固重点知识的目的。在此基础上，可以利用习题集进行练习和测试，以提高自己的综合能力。一般来讲，学校都会结合科目为学生订练习册，老师以作业的方式布置任务。如果有些学有余力的同学，可以在做完学校的练习册后，自行购买一些习题集。但是对于市面上种类繁多的习题集，首先，在购买时，应当尽量选择一些名校、有信誉的出版社出版的练习册，这样质量有保障。另外，练习册也不是买得越多越好，习题同样并非做得越多越好，要在科学选择的基础上有所取舍。例如，第一次可以选择较简单的基础知识进行练习。第二次、第三次再做较难的、综合性较强的习题，这样逐渐递增难度，复习的效果会更好。

升学复习与期中、期末复习在方法和程序上基本相同，但由于总复习涉及的知识面广，复习的时间也较长，因此在做法上一般把整个复习时间划分成若干单元，每单元有侧重地解决几个问题。

二、掌握有效的复习方法

(一) 提纲复习法

复习提纲就是将学习过的知识进行整理归纳，总结得出知识要点。一个好的提纲，能够帮助学生更好地进行复习。提纲的主要特点是具有条理性，它将每一章节的内容进行分解，列出纲要性的知识点。运用提纲复习法的优点有两个，一是通过提纲就可以对每章共有几个大问题，每个问题之下分几小点，这样呈现在学生眼前的是系统的知识体系，重要知识点一目了然，可以大大提高复习的效率。二是在复习中，已列好的提纲就像一棵树的树干，学生可以来"添枝加叶"，通过提纲所展示的知识脉络进行回忆和补充，这样又能锻炼学生自主思考的能力。

(二) 归类列表法

我们要将课本上学到的知识变成自己的知识，就必须进行一番加工整理，理清知识要点，在头脑中构建起一个知识网络，从而形成一个完整的知识体系，这样学过的知识才记得牢，用得活。复习中另一个常用的方法就是归类列表法，具体是指对需要掌握的知识进行整理归纳，把同类知识点整理到一起，集中复习，便于学生对同类知识的掌握。例如，把本学期学过的古诗进行整理，把化学中的公式进行归类摘抄，把历史科目中的大事件发生的时间进行整理等。再例如英语学习中，单词是学习英语最基础的知识，但词汇学多了，会形成干扰，造成遗忘。针对这种情况，可以对词汇进行分类复习，以便记忆。比如按词的内容串联归类，将表示动物、植物、月份、季节等的词语放在一起总结，或将反义词、同义词、同音异形词、易混易错词、专有名词、不可数名词等分类复习，都会增强复习效果。

（三）读、写、练结合法

前面已经讲过，复习应立足于基础概念、原理。各科目都有其基础知识，例如，字、词是语文的基础，公式是数学、物理等理科的基础，单词是英语的基础，等等。只有对基础知识掌握得牢固，理解问题、解决问题的能力才能得到提高。在复习基础知识时，可以采用读、写结合的方法，也就是一边阅读课本，一边用笔在纸上写出来，如果条件允许，阅读可以发出声音，这样既不容易溜号，又记得快、记得牢。复习时只是对基础知识通过读、写进行记忆还不够，还要注重知识的活学活用，结合复习的内容适当做些习题，有利于巩固知识，提高运用知识的能力。

（四）试卷复习法

对做过的试卷，有些同学认为已经是废纸一张，没有了价值，把它们扔进了垃圾箱，这其实是一种非常错误的做法。利用试卷进行复习其实是一种非常高效且有针对性的复习方法。首先，应仔细分析自己的试卷，无论是做对的题目还是做错的题目，都应思考一番，去研究一下出题者的想法、目的。尤其是对自己做错的题，要仔细考虑一下自己为何做错，是马虎了，还是基础知识掌握不牢，还是其他原因，然后在错题旁边进行更正，详细写出解题步骤和正确答案。另外，用符号或不同颜色的彩笔标出错题或易考的题型。因为试卷中出现的题目一般都是重点内容，即我们所说的考点，每隔一段时间，尤其是期末考试和升学考试时，通过翻阅卷子可以重点去复习有记录和有记号的地方，提高复习的效率。

（五）编写"错题集"法

在教学中，教师有时会发现，很多学生对同一个知识点，在平时作业、单元测验和期末考试中都先后犯了错，有时候犯错的原因都一样。这说明这些同学平时不注重对自己习题中的错误进行总结，往往错了就改，改了再错，更有同学考试卷发下来后，只关注分数的高低，对于哪道题错了，做错的原因从不深究，这样，即使做再多的习题，也很难提高学习成绩。因此，改错也是复习的一种重要手段，对作业、试卷及时进行评价和改错，不但有利于熟练掌握所学知识，而且又能帮助学生修正错误、强化正确答案。编写错题集与利用卷子复习有相似之处，但前者包含的范围更广，这些错题可以来自试卷，也可以来自课后作业等。另外，将错题摘抄到笔记上，除了写下正确答案，还可以将错误的原因也一并写上，避免下次犯同样的错误。

如我们以一道数学题为例：

题目：若 $a=-a$ 成立，求 a 的取值范围。

错误：当 $a=-a$ 时，$a<0$

正确：$a \leqslant 0$

原因：概念不清。

总之，复习的方法多种多样，不同的方法适用于不同的人、不同的科目，我们应在实际运用中找到适合自己的复习方法，同时应注意不断地变换自己的复习方法，以不断提高复习的效率。

三、有效复习应遵循的原则

（一）注重时效性

时效性是指复习要遵循及时性和有效性两个基本原则。及时性主要指复习应紧跟课堂教学每天进行，不要在考试到来前才临时抱佛脚。系统复习的类型之一——课后复习，就体现了复习的及时性原则。复习应遵循及时性原则是依据人的遗忘规律提出的。德国心理学家艾宾浩斯(H.Ebbinghaus)通过研究发现，遗忘在学习之后立即开始，而且遗忘的进程并不是均匀的，最初遗忘速度很快，以后逐渐缓慢，他根据实验结果绘成描述遗忘进程的曲线，即著名的艾宾浩斯记忆遗忘曲线。因此，及时复习，可以避免在学习之后的最初几天将大量知识遗忘的现象，提高记忆的结果。如果不及时复习，学生所学知识的系统性、完整性受到破坏，时间一长所学的知识就会模糊、遗忘。另外，还要注重复习的效率。有些同学虽然了解复习的重要性，并花费了大量的时间来复习，但是效果不佳。主要原因就是复习处于低效的水平，如果一段时间复习效率没有改观，就应当结合自身情况，考虑换个时间、换种方式来进行复习，不要将复习变成了走形式，白白浪费了宝贵的学习时间。

(二) 制订复习计划

与预习一样，复习也大多属于自学范畴，因此应结合自身实际情况，制订出复习计划，这样也有利于持之以恒地坚持下去。复习计划主要涉及制订复习时间和复习内容两方面。课后复试时间应结合每日课表，安排在中午或放学后的时间段；阶段复习因知识点较多，应安排在节假日进行。另外，要合理分配复习时间，对自己的薄弱学科，可以多安排一些时间和精力来复习。对各科目复习应交叉进行，不要把相近的科目，如数、理、化安排在一个时间段复习，也不要将自己薄弱的科目安排在一起复习，因为这样很容易感到疲劳，降低复习效率。

(三) 复习方法应多样化

各门学科都有各自的特点，有的学科侧重于记忆，有的侧重于思考演练，因此在复习时，应结合学科特点选择多样化的复习方法。比如复习语文，可以让学生以朗读、背诵、默写、造句、写作文等不同的方式变换进行。复习数学，就可以让学生看书、记公式、做练习题，而且习题也要注意变化题型。还可以根据时间的长短，采用不同的复习策略。如果时间很宽裕，可以让孩子从头至尾将书过一遍；如果时间紧迫，再平均分配时间显然不合适，就得重点复习自己的薄弱环节，以便达到理想的效果。

第三章 培养学生学习能力的策略

"策略"在《辞海》中指的是计划策略,指为达到某一目的而采用的手段和方法。在教学过程中,教师为达到一定的教学目标,总是要制订与之相适应的策略,即称为教学策略。教学策略,是教师在课堂教学上为达到课程目标而采取的一套特定的方式或方法。

在中学生学习过程中,对其学习效果及个体发展起重要影响作用的是学生的认知能力,即通常所说的智力。认知,是个体对信息加工的过程,包括感觉、知觉、记忆、想象、思维、语言等心理活动。认知能力,顾名思义是指个体对信息的加工能力,包括注意力、记忆力、观察力、思维能力、想象力五个基本元素。因此,提高这五种能力从本质讲就是在提高个体的认知能力,即智力。本章将就其中三方面能力(注意力、思维能力、想象力)的培养与提高开展教学策略部分的论述,以期能够对提高中学生认知水平起到一定的促进作用。

第一节 注意力的培养

一、注意与注意力

历史上有许多著名的人物专心致力于研究的实例,牛顿专心致志做实验,竟把手表当作鸡蛋煮来吃;昆虫学家法布尔可以从早到晚趴在石头上观看蚂蚁搬家,为的就是了解昆虫的习性;数学家陈景润专注读书,被多次锁于图书馆内……如果用心理学理论来分析以上各人的活动，必定会有一个共同的词出现，就是"注意"。

心理学中对"注意"的定义是，心理活动对一定对象的指向与集中。正是由于注意的"指向"与"集中"，个体才能够实现认真的观察、有效的记忆、准确的思维以及新颖的创造，其认知活动方能够开展与维持下去。因此，注意被称为认知活动的"组织者"和"维持者"，我们日常生活中常说的"全神贯注"、"聚精会神"等词说明的正是个体的注意状态。

人类对注意的关注由来已久，这种关注在许多科学领域都会看到。学前教育界的蒙台梭利、生物学领域的居维叶甚至哲学领域的马克思，都曾阐述过注意的重要作用。在影响中学教学实践效果的诸多因素中，学生的注意状态是一项重要因素，我国古代著名思想家荀子曾说过："君子壹教，弟子壹学，亟成。"意思是教师专一地教，学生专一地学，教学则很快就能成功。可见，"专心致志"（即所谓注意的状态）既是学生进行有效学习的必要前提，也是教师顺利实现教学目标的重要条件。

在中学的课堂上，是不是所有的学生都能够"全神贯注"地学习呢？实际上，常常会有这样的情况，有的学生眼睛看着书，心里想着的却有可能是昨天看过的电视，也有的学生左顾右盼、与同桌说话等，这些都是注意不集中的现象。这些现象说明了一个问题，并不是所有的学生在课堂上都能够达到注意的指向与集中，实现注意也需要一种能力。

与"注意"相关的能力称为注意力，是指人的心理活动指向和集中于某种事物的能力。

二、培养学生注意力的必要性

有研究结果表明，智力正常的学生之所以会产生不同的学习效果，主要是由学习习惯的差异决定的，而学习习惯中最主要的一个因素就是学习注意力的集中与否。注意力难以集中可以造成以下不良的后果：

①课堂上不遵守课堂纪律，与同桌说话，经常东张西望，爱做小动作；

②不喜欢开动脑筋，逃避用脑学习；

③做事情难以持久，不一会儿就没有兴致了；

④记忆力不好，做事心不在焉、丢三落四；

⑤易冲动，自我控制情绪的能力较差；

⑥做任何事都是无所谓的态度，表现出低自尊的特性；

⑦不能与同学良好相处，不能掌握良好的社交技能。

可见，注意力不仅关系到学生学习成绩的高低，更与学生的人格、社会性密切相关。所以，培养和提高学生的注意力是中学教育不可忽略的一项任务。

三、注意力的影响因素

为了实现对注意力培养的有的放矢，首先教师需要掌握影响中学生注意力的因素有哪些。

(一) 主观因素

主观因素，是指存在于学生自身的对其注意力产生重要影响的因素。

1.气质差异

气质是个体个性特征的一部分，体现了个体在心理活动的速度、强度、灵活性以及指向性上的倾向。根据人体高级神经活动的不同特性，可以将个体气质划分为四类，即胆汁质、多血质、粘液质、抑郁质。气质类型不同，个体在注意品质方面的表现也不尽相同。胆汁质的人注意力不稳定，难以持久，灵活性强，心理指向转移较快；多血质的人注意力稳定，灵活且转移快，但是易受外界影响；粘液质的人注意力稳定性好，但是不灵活，转移也困难；抑郁质的人注意力稳定，但自我调控能力都比其他类型要弱。由以上阐述可知，不同气质类型的人在注意力方面的行为反应存在着差异。

2.兴趣

兴趣是人们对某一事物喜欢的情绪。心理学中将其界定为，力求认识某种事物和从事某项活动的意识倾向。兴趣对个体的实践活动具有重要意义，能够使人集中注意力，产生紧张而愉快的心理状态。

兴趣对于学生的学习来说具有重要意义。

首先，兴趣是推动学习的内部动力之一。伟大的科学家爱因斯坦说过"兴趣是最好的老师"，学生对学习内容感兴趣才能主动克服学习过程中的困难与挫折。所以，古今中外的许多教育家都十分重视在教育过程中通过激发兴趣促进学生的主动学习。

其次，兴趣可以调动学生的多方面能力。兴趣使个体的认知倾向于某种特殊的事物，当个体面对自己的感兴趣的事物时，相应的感知、记忆、想象和思维等水平都会提高。所以，伴随兴趣的学习能够使学生的观察力更全面仔细，思维能力更加敏锐灵活，想象力更丰富多彩。

第三，兴趣可以给人以巨大的力量。达尔文从小就表现出对生物学的浓厚兴趣，无论到了什么地方，他首先想到的就是他热爱的大自然，强烈的探索欲望使他即使历尽艰辛仍矢志不渝，终于创立了物种起源学说。许多杰出人物之所以取得举世瞩目的成就，都是因为他们对自己所从事的事业有着强烈的兴趣。

对学习内容缺乏兴趣的学生在学习过程中，很难做到注意力集中、有效思考、积极创新。在对中学生进行的厌学情绪的相关调查中也发现，大部分学生不喜欢学习的原因在于兴趣的缺失。

3.焦虑程度

焦虑是人们遇到某些事情如挑战、困难或危险时出现的一种正常的情绪反应。通常情况下，焦虑与精神打击以及即将来临的、可能造成的威胁或危险相联系，主观表现为感到紧张、不愉快，甚至痛苦以至于难以自制，严重时会伴有植物神经系统功能失调等。

对于中学生来说，造成学习焦虑的原因主要有应试教育的压力、同学之间的竞争、父母过高的期望、教师教育教学方式给学生带来的压力、对自身发展目标的过分关注、自我意识差等。心理学研究表明，焦虑与学习效率之间的关系是，焦虑过强或过弱都容易造成学习效率的下降，只有中等程度的焦虑才有可能获得最佳的学习效率。不适当的焦虑容易引起学生心神不定、烦躁不安、注意力涣散，进而影响学习成绩，甚至会对学习产生厌烦心理，成为学习困难的学生。

4.对学习目的的不明确

一般来讲，学生对学习的作用及意义越明确、理解得越透彻，那么与完成学习任务相关的事物越能引起其注意。长期的教学实践发现，那些没有个人理想、不知自己未来要干什么或是能干什么的学生，往往在课堂上表现出整天无所事事、不能注意听讲、做与上课无关的事情、甚至扰乱教学秩序的情况，他们的成绩可想而知不会十分理想。也有一些学生虽然有着明确的个人奋斗目标，但是具体到某一个学科的学习时却不能明确该学科课程的设置目的，导致学习目标不明确，也不能全部集中注意力。

5.当代中学生的新特点

不同时代的个体会明显具有其所处时代的特征，这一点在心理学的研究中同样能够得到证实。当代的中学生即所谓的"九零后"，他们生活在一个物质丰富、生活节奏极为快速的时代，他们大多为独生子女，备受父母的宠爱，同时又受到个人至上、张扬个性等思想的影响。所以，养成了自我意识膨胀、依赖性强、意志力弱、情绪脆弱、偏执极端等特点，往往遇到一点困难或挫折就容易一蹶不振。当他们在学习上有过失败的经历后，就容易出现自信心不足，对学习产生厌烦情绪，进而逃避学习，注意力难以再次集中。

(二) 客观因素

1.环境因素

中学阶段，学生在旺盛的求知欲与好奇心驱使下，大量汲取着环境中的各种知识。若环境中存在不良因素，学生的正常学习必会受到干扰。

(1) 社会环境方面

中学时代正是个体求知欲旺盛、身心全面发育、世界观人生观形成的阶段。精心的培育，可以促使其将注意力充分集中于学习活动中，获得健康的发展。但是，这一目标的实现必然受到生活环境的制约。

现在的中学生生活在一个物质产品与精神产品均极大丰富的时代。这样的时代，一方面为学生的生长发展提供了充足的各种资源，但另一方面也给学生带来了显而易见的负面影响。食品工业使用的各种添加剂、防腐剂、色素等有害物质不断侵害着学生的神经系统，环境污染造成了学生生长发育的损害等。而在精神文化方面，真正适宜中学生的文化作品极其匮乏，甚至有许多暴力、淫秽、低俗的文化产品侵入校园，相对于高雅严肃的文艺作品，这些东西对中学生反而具有极大的诱惑力，严重毒害着中学生的心灵，危害巨大。不良的物质环境与精神环境正在损害着学生对健康、有益知识的关注。

(2) 生活环境方面

中学生所处的生活环境既指其所处的环境本身，也包括了环境中的人、事、物；既是家庭环境，也是学校环境。

家庭环境中，父母的感情不和谐，经常吵架，生活方式不健康，对孩子教育方式不正确（如经常指责很少鼓励）等；孩子的房间布置不当：照明过亮；色调偏欢快使学生不能静下心投入学习；装饰物过多造成学生大脑兴奋点过多，注意力难以集中于一点。以上种种，都会造成学生的压力，不利于注意力的集中。

学校环境中，教室周边环境嘈杂，班级内学风不正、纪律涣散、学生们相互打闹等情况都会造成学生注意力的不集中。

2. 学生主体地位不明确

现代教育研究充分证明，教学从本质上讲是"学生的认识活动"。这就要求在教学过程中，充分确立学生的主体地位。无论是教学内容、教学形式还是教学模式、教学方法，都应以学生的需要、发展水平、兴趣爱好等情况为出发点，开展适合学生的教育。我国长期的教育传统是以教师、课本为中心的，忽略了学生主体性在教学中的发挥，学生处于被动的从属地位，极易造成学生学习时注意力的涣散。

3. 教师素质

教师是除父母之外对学生影响最为深远的社会角色，在教学中，教师会以其自身的文化素质、人格魅力影响着学生。一般来讲，有渊博的知识、品德高尚、热爱学生的教师容易获得学生的喜爱与信任，教师对学生的期待学生也乐于转化为自身发展的动力，可以促进学生专心学习。但是，如果教师责任心差、不热爱学生、对待学生态度生硬粗暴、采用体罚等不当的教育方式、教学能力低、不能合理地组织教学、无法调动学生的积极性与主动性，必然会引起学生的对立情绪，在学习时注意力涣散。

4. 家长的过分期待

当年，一句"不能让孩子输在起跑线上"使得家长对孩子的教育投入了从未有过的关注。如今，这样的思想仍在影响着众多的家长，他们投入大量的精力和财力给学生安排各种各样的补习班和特长班，孩子的课余时间、休息时间全用在了奔波于各补习班的路上，甚至不上补习班时也要在家做功课。这种做法剥夺了学生"玩"的时间、恢复精力的时间，必然会造成学生身心俱疲，注意力下降，学习成绩下滑，甚至出现厌学的情绪。

四、培养和提高学生注意力的策略

面对以上种种原因，教师应采取哪些措施应对，以达到培养学生注意力的目的呢？

（一）开展理想教育，明确学习目的

马克思说："最蹩脚的建筑师从一开始就比最灵巧的蜜蜂高明的地方，在于他在用蜂蜡建筑蜂房以前，已经在自己的头脑中把它建成了。劳动过程结束时得到的结果，在这个过程开始时就已经在劳动者的表象中存在着，即已观念地存在着。"这段话阐述的是"目的性"之于人的意义。个体带着预定的目的开展某项活动，往往更容易达成目标，而漫无目的的行动最终可能会无所收获。

在个体的诸多行为目的中，理想是最高层次的目的。理想如同指引航船的灯塔，为人生指明了奋斗的方向。对于中学生来讲，远大的理想追求会激发他们如饥似渴的学习热情。例如，枯燥的生字词、繁琐的语法知识，对学生来讲没有任何吸引力，但是立志成为作家的学生一定会坚持克服这些困难，在学习过程中倾注大量的注意力，掌握好语文知识。因此，教师应该重视对学生进行理想教育，帮助他们找到学习的目的与动力，学生必然会全身心专注学习。

另一方面，目前在中学教学实践中，也存在着将每一节课的具体目的与任务向学生阐明的教学方式，这样学生可以从学习目标出发听课，积极性、主动性被充分调动起来，更容易集中注意力。

对中学生开展理想教育，建议从以下几方面着手：

1.帮助学生树立正确而远大的理想

中学生们往往是因为外部的某些因素而形成了某个理想，如父母等家庭成员的职业，被某一部电影或电视剧中的人物而感染，受社会上流行的风气或思想意识的影响等。教师应把握住形成学生理想的各个因素，帮助他们认清形势，分析他们的理想哪些是对的，哪些是不对的，及时掌握学生的思想动态，循循善诱地帮助学生树立正确的理想。

同时，中学生的理想形成也是有一定过程的。当中学生认知水平处于较低水平阶段时，每天能多点零用钱、周末可以不用上补习班等都可以是他们的理想。但随着中学生年龄的增长、知识水平的提高以及思维能力的增强，他们的理想会逐渐变为成为医生、军人、飞行员……不同的阶段，中学生对理想的认识都有所不同，教师应该针对不同阶段理想的状况对学生予以帮助，例如，中学生对社会生活的认识较少时，教师需要帮助他们增加知识、积累经验；中学生进入职业理想的阶段时，教师可以带领他们认识职业的丰富性与多样性，帮助他们树立适合自己的理想。总之，教师要引领学生循序渐进地逐步树立远大的理想。

2. 将理想与实际结合

中学生树立理想常常容易落入空而大的窠臼，例如，有的学生说，我的理想是当一名警察，有的学生的理想是成为白衣天使，也有的学生想成为音乐家，甚至有的学生的理想是世界和平……但是如果问到他们，作为一名警察应该履行怎样的职责或是白衣天使具体需要做什么样的工作时，他们的解释常常是一知半解的，并不能诠释得那么清晰。因此，对学生开展理想教育，需要从实际出发，如对于想成为农民的学生，可以结合学生的个人理想，带他们深入到实际的生产现场中去，使他们真正认识与理解自己的理想，形成为实现理想而努力学习的意识。

3. 以理想带动学习

作为学生主要任务的学习同样需要理想的支撑。身残志坚的张海迪因为有理想的支持，才能克服自身的生理缺陷，最终自学成才；史学家司马迁如果没有坚定的理想信念，也不可能在无尽的磨难中仍然能坚持完成《史记》的编纂。中学生的学习过程既有顺境也有逆境，为避免学生出现丧失自信、自暴自弃的现象，教师必须将理想与学生的学习紧密联系起来。使学生认识到只有不放弃学习、努力奋斗，才能将自己的理想付诸实践。

(二) 科学地组织有效教学

课堂教学是学生最主要的学习途径，因此，课堂也就成为培养和提高中学生注意力的主战场。

通常科学地组织有效教学来培养和提高中学生注意力，需要注意以下几点：

1. 巧妙导入，激发学习动机

实际上，学生在每一节课的开始，都是在集中注意力听讲的，但是如果这节课的开篇"没有意思"或"不吸引人"，就会有一些学生失去注意听讲的动力，转而去做其他在他们看来"更有意思"实则与上课无关的事情。所以，就要求教师采取多种措施保证课堂导入的趣味性，激发学生进一步学习的动机。

心理学研究表明，个体对于具体、生动、形象的事物更容易产生关注，记忆也更深刻。因此，在设计课堂导入时，遵循这一原则，结合学生的知识技能发展水平，通过有趣的故事、游戏、问题、创设情境等形式，引导学生集中注意力。

案例3-1 "有序实数对"创设情境导入[1]

师：同学们好，今天老师要把一张奖状奖励给我班的一名同学，这名同学的位置在第一排，大家猜一下这名同学是谁？

(生开始交流、猜测，把目光集中在第一排的九名同学身上)

生1：柳凯宁。

生2：刘阳。

生3：唐筱。

生4：柳斯敏。

---

[1] 何昆生．初中数学导入技巧与艺术案例 [J]．中学教学参考（上旬），2012 (19)．

师：具体是谁确定吗？可能会有几个人？

生：不确定，可能有九个人。

师：这名同学恰好又在第二行，同学们这回你们知道这位同学是谁了吗？

（生讨论、交流。）

生1：柳凯宁。

生2：刘阳。

生3：可能是柳凯宁，也可能是刘阳。

师：我要奖励的这名同学还不太好找！我再告诉大家一条信息，我说的第二行指的是从左到右的顺序，大家再看一下到底是哪位同学呀？

生：刘阳。

师：同学们这回找对了。

师：同学们，通过刚才的找人活动，你们得到了什么启示吗？

（生思考）

生1：要想准确地找到人，得给出这个人在哪行、哪列，比如老师刚才给出的第一排、第二行。

生2：那也没一下子就找到要找的刘阳呀？

生1：对，还得知道排和列从哪个方向数起。

师：回答得非常好，有了规定的顺序之后，一组数对就能定位置了，这就是我们这节课要学习的内容——有序数对。

案例3-2 "犯罪的涵义及其基本特征"案例导入[1]

"一个以李某、张某为首的专门杀害出租车司机、抢劫出租车的特大犯罪团伙，半年时间内在某市及某镇以打出租车为由，将司机引至僻静处杀害并抛尸荒野，劫

---

[1] 刘楼．"案例导入法"在中学政治课教学中的运用[J]．贵州教育，2005（10）：30．

走小汽车及财物，共作案多起，杀死出租车司机8人，抢走小汽车多辆。经公安机关侦破后，人民法院认定李某、张某犯了抢劫杀人罪，依法判处李某、张某死刑，剥夺政治权利终身。"教师以讲故事的形式讲述此案例或者采用投影的形式让学生观看案例，然后提出问题让学生讨论。如李某、张某等人的行为有没有社会危害性？其行为侵害了什么？有没有触犯刑法的规定？是否应当受到限制刑罚的处罚？学生通过对案例的分析和讨论，有的说李某和张某等人的行为有社会危害性，侵害了他人的财产权，有的说他们的行为侵害了他人的人身权，应该受到刑罚处罚，有的说他们的行为危害了社会管理秩序，应该受到刑罚处罚……众说纷纭，总之，由于学生参与教学互动，课堂教学十分活跃。

学生讨论后，由教师归纳小结，李某、张某等人的行为具有严重的社会危害性；这种行为不但侵害了公民的财产权利，而且侵犯了公民的人身权利，导致他人的伤亡，严重影响人民群众的生活和工作，严重影响社会安定，扰乱了社会管理秩序，严重危害了公共安全，这种行为构成了刑法所规定的抢劫罪，即李某、张某等人在主观上是故意的，他们以非法占有为目的，李某、张某等人在客观上实施了当场使用暴力、胁迫或者其他方法强行劫取小汽车及财物的行为，触犯了刑法的规定，属于犯罪行为，应受刑法的处罚。

学生通过分析、讨论、发言和教师的归纳小结得出了"犯罪"的概念，即犯罪是指具有社会危害性、触犯刑法并依法应受刑罚处罚的行为。

2. 培养学习兴趣

前面已经论述过兴趣对于学生注意力集中的作用。那么，在课堂教学中，培养学生对学习的兴趣，既是培养和提高学生注意力的途径，同时也是教师需要完成的任务。培养学生对学习的兴趣，可以从以下几个方面开展：

(1) 以疑问为切入点激发兴趣

人类历史上的许多重大科研或理论成果的产生，都是源于各种各样的问题。在教学过程中通过疑问吸引学生注意力的过程是这样的，设置问题，使学生产生极大的兴趣，促使他们积极思考，当他们苦于"山穷水尽疑无路"时，教师给予解惑，他们就能收到"柳暗花明又一村"的顿悟效果。例如，在政治课中讲授"在社会主义时期，剥削阶级作为阶级在我国已被消灭，但阶级斗争在一定范围内将长期存在，在一定条件下，还可能激化"这一问题时，可以问学生："这句话对不对，应该怎样理解？"问题一经提出，必定会引起学生的关注，促使他们思考与讨论。接着又提出问题："在社会主义国家内部剥削阶级的思想遗毒还会残留吗？国际上会存在危害社会主义制度的反动势力吗？"一问一答间，学生学习的兴趣激发了，道理明确了，思想觉悟也获得了提高。这种方式会比平铺直叙的讲授收获更好的效果。

案例3-3 燃烧条件

先在热水中放一小块白磷，待白磷熔化，用一支大试管垂直倒插入水中，罩住白磷，可见白磷发火燃烧，形成白烟，不一会儿，白磷就熄灭了。取出试管，口朝下抖动片刻，再插入水中，罩住白磷，白磷又发火燃烧，形成白烟（可以重复操作直到白磷耗尽）。每当我重复实验时，同学们都屏住呼吸，睁大眼睛紧盯着水中的白磷，一颗颗原本平静的心又被激荡起来。接着我问学生，人们常说"水火不相容"，但热水下的白磷为什么能燃烧？从化学本质上看，又该怎样解释呢？这时学生的思维高度集中，迫切希望找到问题答案。然后我组织学生讨论，提出问题，交流解释。经过一系列的问题探究之后，学生从理论到实质掌握燃烧的条件，教学效果当然是很好的。

（2）以生动形象的比喻激发兴趣

在课堂教学中，教师在注重理论性与科学性的基础上，能再增添一点趣味性，运用生动形象的比喻，把理论知识形象化，就可以更有效地激起学生学习的兴趣，加深学生对知识的印象与理解，促使学生更好地掌握教学内容，更能收获举一反三、触类旁通的效果。例如，政治课程中有一节课讲授社会发展规律之一——"生产关系必须适应生产力发展，方能支配人类社会发展"。为了让学生更好地理解这一内容，教师采用了"量体裁衣"的比喻，就把生产力比喻成人的身体，把生产关系比作人的衣服。学生们都明白这个道理，人的身体会随着年龄的增长而不断增高，所穿的衣服也应该随之更换尺寸，才能符合人体的需求。进而，教师指明"生产关系"和"生产力"的关系也是这样的。从原始社会到奴隶社会，从奴隶社会到封建社会，从封建社会到资本主义社会，而资本主义必然被共产主义社会所取代，都是这一客观规律在发挥着作用。从以上例子可知，运用形象的比喻可以将晦涩难懂的知识浅显化，更加贴近学生的生活，学生也更乐于学习。

案例3-4 ATP和酶[1]

ATP和酶的教学，可以把细胞代谢看作是一部武侠大戏，这部戏中的女主角是"酶"，而男主角是"ATP"。"酶"是个典型的女大侠。第一，酶具有高效性，意指她武艺不凡，功高盖世；第二，酶具有特异性，也称为专一性，说明女人感情丰富，而且大家喜爱的女侠多是用情专一的；第三，酶需要适宜的条件，"过酸、过碱和温度过高，都会使酶的空间结构遭到破坏而失去活性"。"ATP"则是典型的男大侠。他象征着能量和力量，是顶天立地的男子汉，能伸能屈，"伸"为ATP的合成，而"屈"为ATP的水解。细胞代谢中的每一个化学反应，像一个个精彩纷呈的故事，无不是由"酶"和"ATP"演绎出来的。如果没有"酶"和"ATP"这两位男女主角，细胞代谢这部大戏也就没戏了。

学生大多喜爱武侠剧，在比喻中可设置问题串层层递进，让学生带着问题去学习，具有很强的针对性和目的性，同时配合学生的讨论交流，能达到很好的教学效

[1] 谢梅.高中生物课堂中比喻的运用——教学案例及评析[J].中学教学参考，2012（14）：111.

果。

（3）以感情激发学生的学习兴趣

教师在教学过程中创设一定的教学情境，激发积极情感，用真情实感感染学生，触及心灵，震撼灵魂，达到以情带动学习的目的。例如，在讲授爱国主义题材的内容时，可以让学生观看中国体育健儿在奥运会上取得优异成绩时升旗仪式的录像，鼓励学生共唱国歌，再介绍历史上岳飞、邓世昌、李四光、钱学森等著名爱国人物及其故事，以他们的爱国行为感动学生，进而鼓励学生们以他们为学习榜样，努力报效祖国。那么，作为学生来讲，报效祖国的方式只有一个，就是好好学习科学文化知识，为祖国建设贡献力量。通过这样的教学活动，达到化理为情、融情入理的效果。此外，教师从自身经历或感情出发，帮助说明教学内容，同样可以达到以感情激发学生兴趣的目的。

3. 严肃课堂纪律

心理学将注意分为随意注意和不随意注意。不随意注意是指事先没有目的、也不需要意志努力的注意，例如，学生们正聚精会神地听讲，突然从教室外进来一个人，所有人都不约而同地看向他，这就是不由自主地引起了对他的注意。随意注意是指有预定目的、需要一定意志努力的注意，例如，当学生们要写一篇关于体育运动的作文时，他们会对与此相关的信息格外留意，这正是随意注意的典型体现。在课堂教学中，仅靠中学生的不随意注意是不能够实现教学目的的，必须保证学生的随意注意。由于中学生本身集中注意力的水平不高，并且易受外界因素干扰的特点，教师必须制订严肃的课堂纪律，同时保证学生严格遵守，培养学生自觉注意的能力。

4. 优化课堂结构

通常来讲，一节好课要求课堂节奏紧凑、结构合理。那么怎样的课堂结构可以帮助学生集中注意力呢？对认知规律的研究表明，在认识事物的过程中，能够引起个体注意的刺激，不是其已经熟悉的东西，也不是完全不理解的部分，而是通过一定的积极思考能够内化的刺激。据此，教师在设计课堂结构时就应该保证教学内容难度适中，分配出复习旧有知识的时间，在学生已有知识的基础上循序渐进，引起学生注意，将新的知识纳入到学生原有的知识体系中。除此之外，教师必须通过认真备课有效地组织教材，保证课堂教学的内容丰富、层次分明、条理清楚。

5. 采取多种教学方法与手段

长时间运用单一的学习方法，会导致学生大脑皮层神经系统兴奋性降低，出现疲劳的现象；另一方面单一的教学方法也会造成学生厌烦的情绪，最终导致学生注意力的涣散。因此，教师必须有意识地在课堂教学中适当采用丰富多样的教学方法，吸引学生的注意力。在选择适当的教学方法时，教师可以坚持一个原则——"手脑并用"，在教学的过程中，让学生做到感觉器官和运动器官交替使用，这样学生既不会感觉到累或乏味，又可以有效地集中注意力。

教学手段是在教学过程中师生相互传递信息的工具、媒体或设备。除传统的教学手段外，教师还应该根据具体的教学目的和教学内容使用多媒体技术，用优美的音乐、生动的画面将课堂变得生动、有趣、富有吸引力，吸引学生对教学内容的关注。例如，化学老师在讲解接触法制硫酸、催化氧化法制硝酸、炼铁、炼钢和电解食盐水等化工生产过程的时候，通过动画模拟、视频剪辑仿真各个工业生产过程，在课堂上实现了教学的直观化、形象化、生动化。这样一来，就可以利用课件将原本分散、孤立的设备连接成完整的、系统的设备，将静态的生产流程变为动态的生产过程，将各个环节进行局部放大和反复演示，真实感极强，使学生看清楚、理解到各设备的工作原理和整个生产的流程。既减轻了教师的负担，又收到了良好的教学效果。

6. 教师善于运用语言培养学生注意力

在教学实践中经常会出现这样的情况，不同的教师教授同样一门学科，但却会收到不同的效果。造成这种差异的原因是多方面的，但教师对语言运用水平的不同是其中之一。善于运用语言的教师可以使学生的学习如乘轻舟、顺风扬帆，学生们也十分愿意听；而语言水平不高的教师则使学生的学习如荒野行路、举步维艰，听其课也就成为了学生的"苦差事"。因此，教师有意识地锻炼与提高自身运用语言的能力是培养与提高中学生注意力的又一重要途径。

教师的教学语言可以分为两类，即口头语言和肢体语言。

(1) 口头语言

课堂上，教师的语言除符合正确、有教育意义的要求外，还应具有艺术性。不能平铺直叙，要具有抑、扬、顿、挫的节奏变化，应表现出教学内容的发展变化，语言中应富含感情色彩，使教学内容与授课激情高度统一，吸引学生注意。

(2) 肢体语言

除口头语言外，教师的手势、眼神、动作、甚至衣着打扮，都有可能影响着学生的注意力。教学过程中，教师的动作、体态变化等都应与教学内容相契合，为完成教学目标而服务。教师端庄得体的衣着、绘声绘色的语言、适当的动作与表情必会有助于学生的随意注意。

(三) 加强班级管理

良好的班风，是增强学生学习注意力的重要因素。一般情况下，中学生对周围情况缺乏明确的判断标准时，往往会产生从众行为，影响学习注意力的集中。因此，在一个班级中，树立和支持正确的思想，批评和抵制不正确的思想，使班集体成员思想和行为有正确的标准是形成良好班风和班级管理工作的出发点和落脚点。形成班级正确的思想与行业标准需要以中学生守则为标准，认真培养学生的组织性和纪律性。要求学生按时作息和完成作业，维护学校秩序和班级荣誉。抵御和防止外界不良因素的侵袭和诱惑，养成遵守校纪校规、努力学习的好习惯。

还应通过组织适当且丰富多彩的课外活动，如体育运动、文艺演出、知识竞赛、公益活动和劳动、演讲等活动培养学生健全的人格和健康的人际关系，锻炼意志，提高善于同注意的分散作斗争的能力。当发现有不好的苗头影响学生注意力时，不能等闲视之，应及时了解真相，查明原因，帮助学生认识其严重危害性，对症下药。通过学校、家庭和社会的共同努力，营造浓厚的学习氛围，防止学生沾染恶习，促使其全身心地投入到学习中去。

(四)排除干扰因素

心理学上有一个"防止多余刺激"的原则，在教学中即是要求尽量防止与教学活动无关的刺激出现，避免过多的外界干扰。排除多余刺激的干扰可以做到以下内容：学习场所要固定，在固定的场所学习容易定下心来，学生一旦坐在自己熟悉的书桌旁，就很容易将注意力与学习联系在一起；在学生视野范围内，尽量不要出现与学习无关的图书杂志等；各类学习必需的书籍、文具等均放在固定的地方，以免因不断寻找这些东西造成学习被打断。

(五)利用好注意的规律

在课堂教学过程中，学生注意力有两个时期较容易分散。其一，刚刚上课时。有的学生在课间进行了有趣的活动，神经处于亢奋状态，兴奋点仍停留在课间的活动上；有的同学由于课间忙于做作业，兴奋点还没有从上节课及时转移到本节课中；有的同学在课间趴在桌子上休息，一时又难以兴奋起来，对即将学习的新课也没有准备。所以，此时学生的心理和情绪往往是不稳定的。这时是教师开展课堂教学最艰难的时期。其二，课堂过半时。根据有关实验表明，学生有意注意的持久性大约能维持20分钟，之后学生的神经进入相对抑制的状态，注意力的集中水平降低，开始出现注意力涣散现象。这是教师掌控课堂教学必须安全度过的又一关键期。

正因为学生注意具有这样的规律和特点，就要求教师做好两方面的工作：一方面，根据教材内容，结合学生的实际，充分准备、精心设计、巧妙引入，尽快将学生的注意力吸引到新的课堂教学上来；另一方面，当课上到大约一半时，教师必须"审时度势"，密切关注学生的动态和反应，及时地采取新颖的、有趣的教学形式和手段，让学生处于相对抑制状态的神经再次兴奋起来，进入到新的教学情境中去，机智地绕过这一关键期。

（六）劳逸结合，增强体育锻炼

心理学家研究表明，连续学习的时间以45分钟—60分钟为最适宜，大脑在学习后的10分钟左右学习状态最佳，这种状态持续25分钟—45分钟之后学习效率开始下降。心理学研究还告诉我们，个体的神经系统不能长时间处于兴奋状态，否则会造成神经细胞的损伤，形成神经系统疾病。可见，必要的休息对保护神经细胞是十分重要的，所以教师在安排学习时间时一定要注意保证学生的休息，并且还要关注学生休息的量与质。

（七）获得成功体验，培养学生的良好情绪

情绪对个体行为具有发动与维持的作用，良好的情绪有助于提高自我控制力，克服困难，自觉集中注意力。教学过程中，学生以愉快的情绪状态开展学习，再困难的知识似乎也变得容易理解；而学生如果抱着畏难的情绪去听讲解、看示范，往往会束手无策。如果学习不能取得预期的效果，又会使学生已有的"难学"心理定势进一步得到强化，出现情绪低落、热情不高的心理状态。久而久之，就会使学生缺乏自信心，总认为自己智力低、能力差，从而在以后的学习过程中遇到困难就会畏缩不前、得过且过，并对学习表现出一种不耐烦或厌倦的情绪。

那么，怎样使学生养成对学习的积极情绪呢？通常，适度的胜利带来的成就感是保证学习持续的心理基础。但是，在过度紧张的情绪支配下，学生越想获得成功却越事与愿违，反而失去控制力。因此，在教学过程中，老师还应该在思想上给学生"减负"，通过事例等方式使学生明白胜败乃兵家常事，一时的失利不重要，重要的是在以后的学习中获得成功。同时，在教学内容选择上要符合学生的发展水平，通过开展适合学生的学习竞赛，使学生获得成功的体验，培养学生的自信心，提高学生的自我控制能力，从而养成自觉集中注意力的习惯。

第二节　思维能力的培养

一、什么是思维能力

心理学对思维的解释是，人脑对客观事物概括的和间接的反映，是对事物本质属性和内在联系的反映。其具有概括性和间接性两个基本特征。在反映客观事物本质属性与内在联系的过程中，具体要运用到分析、比较、综合、抽象、概括、具体化与系统化等心理活动。思维能力，顾名思义应是指进行思维活动的能力，即反映事物本质属性和内在联系的能力。

作为学生认知过程的学习过程也正是学生积极思维的过程，孔子说"学而不思则罔"，阐明的正是思维能力对提高学习效率的重要意义。根据思维活动所要解决问题的具体内容可以将思维分为行动思维、形象思维和抽象逻辑思维。其中抽象逻辑思维是思维的最高水平，一般所说的思维指的正是抽象逻辑思维。中学生阶段，学生思维水平的基本特点是以具体形象思维为主，向抽象逻辑思维过渡。因此，培养中学生的思维能力主要是培养其抽象逻辑思维能力。

二、学生思维能力培养的必要性与可能性

(一) 必要性

在我国以学生为本的素质教育的课程改革的背景下，培养学生的思维能力成为必然选择。

1. 突出学生主体地位的要求

传统教学中以教师作为教学的中心，学生学什么、怎样学、怎样复习等活动都由教师帮助学生做好了选择，学生自主的思维被严重压抑。结果是，教师十分劳累地为学生安排好了一切，学生却学得十分"辛苦"。而新课改背景下，学生的主体地位获得了前所未有的确立，教学方法必然要求随之改变。那么，怎样才能让学生真正成为学习的主体呢？无疑是要让学生掌握正确的学习方法，尤其是一定的学习能力。为实现提高学生学习能力的目标，自然要让学生具备较高的思维能力。思维能力是最重要的学习能力。

2. 素质教育的要求

在现代教育提出"素质教育"理念的背景下，我国课程改革将教育目标由应对各种各样的考试，转变为关注学生的综合素质。素质教育即我们通常所讲的全面发展的教育，在学生全面发展的素质中思维能力是重中之重，培养学生思维能力是素质教育的重要内容。教育专家查有梁先生在对高素质学生进行调查时发现，"喜欢思考问题"是学生最重要的素质之一。纪大海教授在谈到学生发展时，也认为"学生的发展是全面综合的发展，尤其是他们思维能力的发展、想象力的发展和创造潜能的展现与发展"。试想，一个没有一定的思维能力的学生（个体），不仅不能学好知识，也不能有较好的动手能力，甚至影响其人际交往和对社会生活的适应。这样的学生怎能称得上是具有全面素质的人才，更不用说是高素质的人才，也必将无法取得大的个人发展与成功。

3. 实现教学三大目标的要求

新课改将原有的单一教学目标细化为知识目标、能力目标、情感目标。培养学生思维能力是实现这几项目标的阶梯，具有一定思维能力是学生高效率地学习知识和掌握技能的途径。让思维充满学习的全过程，并在思维的引导下掌握方法，在深入思考比较中形成或矫正学生的情感态度和价值观，成为培养学生思维能力的必然要求。

（二）可能性

一方面，中学阶段的学习内容更加深入，更加理性。对待知识，不仅要"知其然"，更要"知其所以然"。所以，对于中学生来说，无论是认识和理解理论知识，还是运用所学知识去解决实际问题，都离不开学生的思维活动。在通过思维活动将书本知识内化为自己真正理解的东西的同时，学生的思维能力也得到了长足的提高。

另一方面，从中学生发展的规律看，中学生已经开始可以理智地思考问题，思维的独立性和批判性有了明显发展，能独立地判断是非，甚至敢于挑战书本知识和教师权威，喜欢评论和争论。可见，他们已经具备了一定的思维能力，具有一定的自控能力和创新能力。进一步培养中学生的思维能力，可以使他们的思维品质获得进一步的提升。

以上内容论述了培养和提高学生思维能力的必然与可能。需要指出的是，中学生在学习知识、解决问题时，直觉、感性经验仍占据着重要地位，培养和形成学生更高层次的思维能力任重而道远。

三、学生思维能力的培养策略

（一）创设教学环境

1. 创设平等合作的教学环境

传统的教学模式下，教师是绝对的权威，学生处于被动接受的地位，缺乏独立思考的机会，思维活动自然处于被压抑的状态。因此，建立平等合作的和谐师生关系，创设主动探索的课堂氛围就成为培养中学生思维能力的首要措施。学生们的想象、思考和探索多半需要在自由时空中完成或者是在一种放松状态下获取。没有自由的时空，奇思妙想和创新思维是难以产生的。在相对自由的状态下，学生可以质疑,可以猜想,可以提出不同意见,可以异想天开,这样就激活了学生的思维。

2.创设诱发学生积极思维的问题情境

疑问是思维的火种,有疑问才有思维,经过思维才能解疑,有所进取。合适的问题情境应具有两个条件:一是和学生已有的知识经验有联系,使学生有条件、有可能去思索和探究;二是有新的要求,使学生不能简单地利用已有的知识经验去解决。这样才能使学生处于一种似乎熟悉又不能很快找出解决问题的方法和手段的情境之中。只有这样,学生才能产生一种不可遏止的跃跃欲试的求知欲望,促进学生去积极思考。

创设问题情境主要有以下几种形式:

(1) 实际应用类问题情境

从生活实际中创设问题,可以使学生理解所学知识的现实含义,明确其应用价值,这样学生更乐于展开积极思维。

案例3-5　　"随机事件及其概率"问题设计

在新课"随机事件及其概率"教学中,为了让学生体验频率的统计规律性,我们可以如此设置一个问题。[1]

问题:你知道电脑键盘上哪个键最长吗? 你知道这样设计的原因吗?

学生对计算机的键盘可谓十分熟悉,但从来就没有意识到按键的长短设置也有学问。学生的情绪从惊讶到兴奋,在兴趣的驱动下转向自学思索,这正是我们设计的目的之一。

对这一问题,一般会有学生回答"空格键最长,因为它是常用的",那就"正中下怀"。教师可以进一步问,常用到什么程度? 将问题转化为研究随机事件A:打一

---

[1]　徐登群.创设问题情境,培养创新思维——浅探数学教学中学生思维能力的培养[J].中学理科,2007(03):12.

篇英文稿件要输入很多字符（含26个英文字母、标点、符号和空格等），任意输入一篇文章，统计一下看是哪些字符发生的可能性大。此时教师可引导学生亲自试验或利用多媒体进行演示，选择事先准备好的几篇英文文章，通过word下的"字数统计"功能，让学生观察空格数、字符数（计空格），然后指导他们计算空格键的使用频率，不但能使学生认识频率的统计规律，也明白了键盘大小的设计原因。

（2）开放类问题情境

开放类的问题情境可以使学生主动、积极地构建知识体系，给学生提供了广阔的思维空间，也给学生提供了彼此交流、启发的机会。

案例3-6 三角形三条边之间关系的命题

教学设计一：

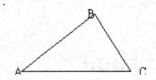

1. 目测哪一条边最长？（AB）

2. 比较最长一条边的长度与另两条边的长度之和，哪一个更长？

3. 改变A的位置（仍是△ABC），结论会有变化吗？你由此发现了什么？

教学设计二：

（给每名学生发三根木棍，有些能组成三角形，有些不能组成三角形）

1. 动手摆一摆，你能够把手里三根木棍组成一个三角形吗？（有些能，有些不能）

2. 为什么有些同学的木棍能组成三角形，有些同学的却不能呢？（木棍的长度不同）

3. 在什么情境下可能将三根木棍组成三角形?

4. 让同学们测量自己手中三根木棍的长度,将能组成三角形的三根木棍的长度写成一列,把不能组成三角形的三根木棍的长度写到另一列里。

5. 让学生分别比较它们之间的关系,有什么发现吗?

反思与思考:

设计一表面上是让学生开展探究,但实质上只是"圈套"式的探究活动,这个圈套就在问题1和问题2,学生钻进老师预设的圈套,并没有丰富的探究空间,学生并没有真正地开展探究活动,而是被老师牵着鼻子地发现了"新知识"。

设计二则是通过学生自己摆一摆让学生亲身体验不是任意长度的三根木棍都可以摆成三角形这一现象,从而激起其探究思考的欲望。"什么情况下三根木棍能组成三角形"这一问题为学生创设了开放性的问题情境。学生在自由的空间里发现问题、总结规律、获得知识,真正成为课堂的主人。这种状态有利于培养学生的数学思维,实现教育的真正目的。

(3) 比较类问题情境

设计一种问题情境,诱发学生开展比较,可以是比较两个知识点,也可以是将主观预测与问题实际进行比较。通过这样的比较激发学生强烈的求知欲望,促使其积极思考。

案例3-7 "二氧化碳的性质"中比较型问题情境的创设

在化学课程中有"二氧化碳的性质"这一内容。可以针对课本中二氧化碳灭火的实验创设比较型的问题情境。在实验前,向学生提出问题:在放有不同高度的燃烧着的蜡烛的杯子中慢慢倒入二氧化碳会出现什么现象?学生纷纷展开讨论,在学生中出现三种不同的假设,高的蜡烛先熄灭,低的蜡烛先熄灭,也有认为两支蜡烛会同时熄灭。然后，观察实验的实际效果，对照学生们的假设得出或对或错的结论。学生们急于想知道为什么自己的假设错误，积极思维自然被调动起来。

(4) 实验类问题情境

实验操作可以在学生不明确新旧知识之间的逻辑关系时使用，以引发学生思考、探索规律。

例如，在教"不在一条直线上的三点确定一个圆"时，教师可以先发给每一个学生一张破碎了的圆形硬纸片，并且说"机器上的皮带轮碎了，为了再制造一个同样大小的皮带轮，请你设法画出皮带轮对应的圆形"。接着让学生用圆规、直尺、量角器等比比画画，进行实验，探索问题的解法。然后在实验的基础上，提出问题：经过不在一条直线上的三点可以画几个圆？

案例3-8　"数学归纳法"中实验类问题情境的创设

在讲"数学归纳法"时，由于数学归纳法比较抽象，许多学生对"一个与自然数有关的命题经过数学归纳法的步骤证明后是正确的"不太理解，特别是对它为什么要有第二步不理解，因此可设置实验情境——"多米诺"骨牌游戏。几十个骨牌一个紧挨着一个放在桌上，排列成弯弯曲曲的蛇形队列，用一只手指推倒第一个骨牌，紧接着第二个骨牌、第三个骨牌……依次都倒下。引导学生思考：要使每一个骨牌都倒下，需要哪些条件？学生通过积极思维得出两个条件：第一个骨牌必须倒下；如果前面一个骨牌倒下，那么后面一个骨牌必须紧接着倒下。即必须要有当 $n=k$ 时，$n=k+1$ 也成立。

(二) 启发引导，促进学生思维持续发展

美国著名的教育学家布鲁姆说："只要提供足够的时间与适当的帮助，95%的学生能够学习一门学科，并达到高水平的掌握。"通过合适的问题情境将学生思维的积极性调动起来后，怎样才能保证学生思维的持续发展呢？ 给学生适当的思考时间和适当的启发引导是行之有效的方法和手段。

1.给学生适当的思考时间

思考问题是需要一定时间的。教学实践表明思考时间非常短时，学生的回答通常也是简短的，多片面化、表面化。但若把思考时间适当延长，学生就会更加全面和较为完整地回答问题，所以要给学生适当的思考时间。可是有些老师总是希望在提问题后，学生立即回答，出现一种热闹场面，否则就会不断重复问题或另外提出一些新问题来避免冷场。其实这样做是在干扰学生的思考，很有可能打断学生的思维。这样做并不是让教师放弃启发学生，而是强调要让学生有充分的时间去思考，使学生思维活动持续进行。

2.启发引导要与学生思维同步

当学生思维受阻时，教师要给予适当的启发引导，即"点拨"，充分发挥教师的主导作用。教师启发引导时，要遵循学生思维的规律，因势利导，步步释疑，切不可不顾学生的心理和思维拔苗助长，也不可强制学生按照教师提出的方法去思考问题，应该与学生的思维活动保持在同一进程。

(三) 强化应用，提高思维能力

打铁要趁热，在每节一课结束时，应该配备一些习题，要求适时、适当、适量，以巩固所学知识。教师可以选择一些与知识相关的具体现象、生活事件等材料，让学生多接触一些实际情境的问题，在解决问题的过程中，强化知识之间的联系，完善知识系统，从而增强思维能力。例如，生物课学完人体消化系统后，可出这样的思考题："一个人到饭店要了一盘红烧肉、二两白酒、三个馒头，吃饱喝足后摇摇晃晃地离去。请你分析这些酒、饭、菜中的物质是怎样到达此人的体内细胞的。"这个问题中包含有食物中含有哪些成分、各种成分是如何被人体消化和吸收的、营养物质是怎样运输到内环境的等多个知识点。如果是总复习教学，还可进一步提问："此人为何摇摇晃晃地离去，产生的原因是什么，请分析其神经传导途径。"这样，设计具有一定实际情境的问题进行教学，就可以帮助学生强化新旧知识体系，增强思维能力。经常这样训练，就会使学生思维流畅，能在短时间内"联通"为数众多的概念和知识点，形成丰富的联想，达到培养学生思维能力的目的。

(四) 创造条件保证学生参与教学过程

课堂教学是师生互动的活动过程，教师在这一过程中应积极引导学生动手、动眼、动脑、动口，最大限度地参与课堂教学。通过以上一系列活动，使学生将操作、观察、思维与语言结合在一起，启迪了思维的发展。为实现这一作用，教师需要树立让学生参与的意识，为学生参与教学过程创造条件。

(五) 抓住学科教学，培养学生的思维能力

课堂教学是学校教学的关键环节，也是我们培养学生思维能力的关键环节，作为教师应在课堂教学的各个环节中培养和训练学生的思维能力。

1.挖掘学科教材

教材是根据课程标准编定的系统反映学科内容的教学用书，是教师和学生据以进行教学活动的材料，是教师教学的主要媒体，是学生学习的主要载体。显而易见，教学中培养学生的思维能力离不开教材。现行学科教材不论是经过多次修订的或是新编的，处处显现着学科编著者（往往是专家）的思维和智慧，这就为我们教学中培养学生思维能力提供了素材。挖掘教材注意以下几方面：一是要清理出学科的各种思维形式，以便全面地培养和训练学生的思维；二是特别关注论述问题的逻辑思维，包括知识点的、某一课题的、某一板块的；三要留心能引起学生创新的思维点。

2.备课阶段，除了备常规的内容，还需要增加关注学生思维的内容（这一点往

往容易被忽视）

在课程设计时，要特别关注下面几个问题：一要深入挖掘当堂课的内容所包含的思维逻辑；二是设计提出可以引发学生深入思考的问题；三是可以联系以前所学，让学生进行推理和联想；四要研究知识的创新点。

3.课堂教学实施环节是培养学生思维能力的关键

无论是新课教学还是复习课，我们都可以在课堂上让思维活动带领学生学习。具体做法可以参考如下：

首先，就"所学课题你准备怎样编写、编写哪些内容"等问题，给予学生编著教材的机会。学生就会结合自己原来所学及生活经验进行比较充分的思考，同时可以让学生相互交流，然后把他们想到的知识和编写的顺序记下来。一般来说，此时学生不能把课题知识系统完整地拿出来，其所设想的编写思路也可能与教材不尽相同，甚至不合理或不正确。

其次，学生作为读者阅读教材，找出自己先前未曾想到的"新知识点"、论述问题的"新思路"，并把它们记录下来。此时，学生就会思考，前面为什么没有想到，自己的想法与教材差异在哪里。这样，学生在对比与思考中学习了新知识，但还是会有些学生没有完全想明白的"新知识"、"新思路"，这就给教师提示了要重点讲述的内容，也为学生指明了重点学习的方向。

再次，作为学习者，通过前两个过程已发现了自己应该学习的新东西了，此时他们就会以学习者的身份通过主动探究、同伴合作及与老师交流，以实现对新知识和技能的掌握；教师也应主要从学生的这些"新知识"处进行讲解或指导，直至让学生学会。这样，学生到此就有了曾经学会的知识、生活经验的知识以及本课新学会的知识，把它们概括起来成为系统的知识体系。就培养学生的思维能力看，这一过程中教师应特别重视学生学习知识的思维与方法指导，注重知识的逻辑联系，寻找知识之间的关联,促进知识的整合,为学生学习探究搭建平台。

最后,在学生思考和学习了教材上的基本知识后,教师还可以引导学生在此基础上进行创新(即思考出教材上没有编写而又与教材知识密切相关的知识来),培养学生的创新思维和能力,引导学生成为创造者。

案例3-9 "商品和商品经济"教学过程

第一步:学生就会从自身的经验和理解出发,提出诸如商品是在市场买卖的东西(商品是什么)、人们希望买到"价廉物美"的东西(商品的两个基本属性)等。

第二步:学生翻开教材,就会发现"价值量"这个知识点是新知识。

第三步:教师与学生一道,就"商品的含义"、"商品的基本属性"进行理解,由于学生已有一些表象的认识,教师只需引导学生准确把握知识的内涵与外延,注意分析学生的"易错点"、"易混点"即可;而价值量就是教学的关键点——这个知识点也可以先让学生思考,比如"课题要编写些什么知识"、"怎样编写这些知识的"、"要学些什么"、"怎样学习"等问题,然后让学生逐一学习与探讨,难点处做必要的讲解。

第四步:引导学生思考"为什么全社会都要提高劳动生产率",个别生产者率先提高劳动生产率,就会获得超额利润,提高其竞争力(揭示了生产者赚钱的秘密);社会提高劳动生产率就会生产出更多的商品,就会通过降低劳动生产率从而降低价格,以便满足人们的需要或增加人们的休闲时间(揭示了社会主义生产的目的)。

如果把本节知识整合起来就会给生产者提出竞争策略:

商品的含义——要把商品卖出去,就必须满足消费需要,因此生产者要面向市场组织生产;

商品的基本属性——一要关注商品的质量,二要关注商品的价格;

商品的价值量——提高劳动生产率,降低成本,提高竞争力。

政治学科的诸多课题我们都可以采取这样的教学策略。在上述课题教学过程中，学生无时无刻不处于积极思考之中，而且几乎包含了各种思维形式，长此下去，学生的思维潜能将得到极大的发挥，思维能力得到提高，学习效果得以提高，学习能力得以提升。

4.在练习中培养学生思维能力

练习就是要检验学生对学科知识的掌握情况，考查学生对该门学科的学习能力，培养学生的应用能力。在学科教学中，练习是必不可少的。但时常听到学生对政史类的学科"不会做题"，教文科的老师也无奈于"学生不会解题"，而对数理化学科相对就要好一些，这其中一个重要的原因则是学生没有树立一定（或较好）的学科解题思维。因此，向学生传授解题思维，在良好的练习的基础上提高学生的思维能力成为一种必要。

一般来说，解题的思维主要有三个步骤：

第一步，正确审题，明确题目传达的信息。即从题干中"看"出该题与哪部分知识相关，并且明确问题的指向。

第二步，从自身原有的知识体系中搜索解题所需的知识。

第三步，形成解决该题的思路与方法，并付诸实施。

5.借鉴其他学科思维是捷径

通过前面论述可知，思维具有普遍性，但由于不同学科各自的特点，思维也具有特殊性。一般来说，数理学科主要是逻辑思维，政史学科主要是形象思维和发散思维，其实无论哪个学科都是一门科学，都需要具备全面的思维。在教学中培养学生的学科思维，可以广泛借鉴其他学科的思维来丰富和完善，所谓"他山之石可以攻玉"，甚至这种借鉴还会成为一条培养学生学科思维的捷径。

这里需要提醒的是：第一，学科教学中要广泛地借鉴其他学科的思维方法（主要在班级教学中开展）；第二，针对学生个体，要了解学生的优势学科（学生对优势学科具有较好的学科思维能力），借鉴其优势学科的思维，才能提高借鉴的有效性（主要在学生个体辅导中进行）。总之，全面借鉴学科思维，不仅可以为我们学科教学思维能力培养提供途径，更重要的是有利于全面提高学生的思维能力，使学生具备良好的思维品质。

对于一名优秀的教师而言，"在教学中不断激发学生的思维，能够让学生始终处于积极思索的状态，以取得事半功倍的教学效果"是其不可或缺的本领。

第三节 想象力的培养

一、想象力与创造力

想象是人脑对已存储的表象进行加工改造形成新形象的心理过程。心理学研究中通常根据创造性程度将想象划分为再造想象、创造想象和幻想。再造想象，是根据言语的描述或图样的示意，在人脑中形成相应形象的过程。创造想象，是人脑创造性地开创出新形象的过程，其特点是形象新颖且具有开创性。幻想，是创造想象的特殊形式，是指向未来并与个人的愿望紧密相连的想象。那种能够在头脑中创造新形象的能力，我们称之为想象力。

想象力与创造力密切相关。创造力是人类特有的一种综合性能力，是指产生新思想、发现和创造新事物的能力。创造力由个体集中的注意力、高效的记忆力、敏锐的想象力以及创造性思维组成。其中，想象力对创造力的作用主要表现为：

第一，为创造提供素材与情感支持。无论是想象还是创造，都是对现有生活的一种超越。符合客观规律的想象可以为创造提供素材与情感支持，进而催生创造性思维。例如，莱特兄弟想象着人可以像鸟一样飞，最终才发明创造出新式的交通工具——飞机。再如，没有中国人几千年来的"飞天梦"，就不会有中国航空航天事业的发展。

第二，如前所述，想象力是创造力重要的组成成分。培养创造力就需要培养想象力。美国心理学教授特生莎·阿马贝尔研究表明，培养创造性思维最好的刺激是让他有权幻想。可见，想象力是创新不可或缺的元素。

综上所述，培养想象力正是在培养创造力。对于当今我国素质教育特别强调的"培养学生的创新意识与创造力"而言，从想象力的培养入手是一个十分有效的途径。

二、学生想象力培养的策略

(一) 积累丰富的知识经验

"一个空洞的头脑是不能进行思维的"，个体的想象需要有一定的知识经验作为支持，方能开展改造、重组等一系列活动，最终创造出新形象。爱因斯坦兴趣广泛，爱好涉及艺术、科学等多个领域，并且在大学期间博览了众多哲学与科学名著。在此基础上，通过想象"光速列车"和"升降机"，最终创立了相对论这一划时代的科学理论。很难想象一个孤陋寡闻的人能够产生什么奇思妙想来。因此，培养学生的想象力，首先要从积累知识经验开始。

指导学生积累知识，首先要使其明确知识经验对想象力的重要意义，促使其自觉地学习知识、积累经验。其次，帮助学生形成广泛的兴趣爱好。意大利著名画家达·芬奇除了在绘画领域造诣颇高，他同时还是出色的发明家、生物学家、建筑工程师和军事工程师。各个领域相互补充、相互支持，成就了天才的达·芬奇。广泛的兴趣爱好可以拓宽个体的思路，为想象展开更为广阔的天地。

(二) 储备丰富的表象

表象是客观事物不在眼前时、人们在头脑中出现的关于事物的形象。想象需要各种各样的素材才能创造出新形象来，这些素材就是表象。著名作家鲁迅曾经就自己作品中所写的事迹，有过这样的论述："大抵有一点见过或者听过的缘由，但绝不会用这事实，只是采取一端，加以改造，或者生发开去，到足以几乎完全发表我的意见为止。人物的模特儿也一样，没有专用一个人，往往嘴在浙江，脸在北京，衣服在山西，是一个拼凑起来的角色。"这段话典型地体现出了表象之于想象的素材作用。想象的水平是依一个人所具有的表象的数量和质量为转移的，表象越贫乏，想象力也就越狭窄、肤浅；表象越丰富，其想象力越开阔、深刻，其形象也会越生动逼真。因此，为了培养想象力，就必须不断丰富已有的表象储备，充实数量，改善质量。

指导学生储备丰富的表象，需要做到以下几点：

1. 养成乐于观察的习惯

学生在完成作文时经常会出现这种现象：有些学生文如泉涌、一蹴而就，有的学生却言之无物，作出的文章味同嚼蜡。一切艺术都源于生活，不可能凭空想象出来。艺术作品无论构思多么新颖、奇妙，也均来自作者对周围世界的观察和理解。有一句俗语"生活中不缺乏美，缺乏的是发现美的眼睛"，积累表象同样符合这个原理。人们每天都会遇到不同的人、不同的事，学生也不例外，有些学生过而忘之，而有些学生却能仔细观察形成记忆。其原因在于学生之间不同的观察习惯。因此，教师应帮助学生养成乐于观察的习惯，在不断的自觉观察中积累大量丰富的表象。

2. 从艺术作品中汲取素材

教师可以引导学生阅读欣赏文学作品，使其接受艺术形象的感染。指导学生阅读文学作品应注意以下几方面：教师要经过严格审定，向学生推荐文学名著或对学生有益的作品；可以规定阅读期限，一般是一学期阅读二三本名著，以促使学生快速有效阅读；督促学生做好读书笔记，老师可以将好的读书笔记在全班进行交流，并且要加以评价，还可以拿出适当的经费奖励读书多、读书笔记做得好的同学。除此之外，还可以带领学生欣赏绘画、音乐、戏剧等其他艺术作品，开阔学生的视野，增长学生的见识。学生在欣赏各种艺术作品的过程中，既可以进行情感体验与审美享受，想象力本身又会得到极大的锻炼。

3.鼓励学生深入日常生活

形成表象的各种人、事、物的形象往往蕴含于广阔的日常生活之中。因此，中学生若想扩充自己的表象系统，仅仅在屋子里欣赏艺术作品是不够的。王笙力是我国当代著名的画虎名家，他画的虎不仅有形，更具有精神和性格。他为了了解老虎的形态以及习性，曾专门到大兴安岭地区写生，体会什么是林海雪原，观察大自然中的老虎是怎样生活、捕食、嬉戏的；他还在桂林的熊虎山，体验过虎妈妈是怎样养育幼虎的。正是通过这些深入观察，王笙力积累了大量虎的形象，做起画来自然胸有成竹。鼓励学生深入到生活中去，寻找创作的素材。这样，既能使学生受到生活的陶冶，增进其对生活的热爱，又能为学生的想象积累"弹药"，进一步激发他们丰富的想象力和创造力。

(三) 有效地组织教学，激发学生想象力

目前，课堂教学仍是教师传授知识、培养学生能力的主要途径。在提倡素质教育的今天，课堂教学已经由原来的以教师为中心以教材为中心转变为以学生为中心。因此，以学生特点为中心，采用新颖的方式组织教学，发挥出学生的主体作用，激发和调动学生的想象力成为一种必需。

语文课的学科特点特别适合用于培养学生的想象力。下面以语文学科为例，阐述怎样有效地组织课堂教学。

1.对比想象

通常，在不同的情境下具体事物会表现出不同的状态，存在着一定差异，给个体留下的记忆也不尽相同。运用对比分析，把不同的事物放在一起观察，可以让学生在观察时，了解到事物存在的属性，对比后，学生就会觉察到事物之间的差异，利用这种差异来记住并区分两者，为学生的思维扩展提供一定的空间。例如，鲁迅在《故乡》中对闰土外貌特点在不同时期有两次不同的描述，就这一事实可以专门设计一道题，让学生发挥想象力，根据文中写的语句还有闰土的成长历程，描绘出闰土的外貌特征。在学生们的积极发言中，课堂气氛活跃起来，学生的想象力也得到了训练。

2. 求异想象

在教学过程中，通过培养求异思维来增强学生的想象力也是一种常用的方法。例如，在讲著名的《木兰辞》时，就可以引导学生根据文章的描述各自展开想象，具体的故事情节是怎样的，木兰从军前后形象，从军时木兰的心理状态等。鼓励学生将自己想象的内容阐述出来，相互比较，提高他们的想象力的同时也拓展了学生的思维。教师在实施求异想象的时候，要充分确保学生的主体地位，指导学生不要将想象力的发挥只是局限于课本，而应走出去，结合社会生活来提高自身的想象力。

3. 借助音乐扩展想象

有些文章本身与音乐具有相通之处，就可以借助播放音乐，让学生想象表达的内容。选择适用于这种方法的文章，如《春江花月夜》、《琵琶行》等，学生自行朗读后，然后播放与之意境相通的乐曲，让一位同学绘声绘色地慢读，要求大家调动自己的形象思维，感受作者描绘的景象，让学生把握作者的写法，体会作者是怎样把抽象的文字组织得有声有色、有形有情的。反复播放乐曲，听时让学生轻闭双眼，尽量去感受、去审美体验。

案例3-10 《荷塘月色》中借助音乐扩展学生的想象

朱自清《荷塘月色》第四段："曲曲折折的荷塘上面，弥望的是田田的叶子。叶子出水很高，像亭亭的舞女的裙。"对于这段教学，可以根据对荷叶的认识，把荷叶与翩翩起舞的女子组合起来联想。播放古典曲目，伴随曲子引导学生想象朱自清笔下的荷塘：满眼繁盛的荷叶，荷叶片片相连伸出水面，仿佛看到翩翩起舞的美女穿着绿色的裙子，轻盈婉转。在这样的想象下，静态的荷塘转化为灵动的舞台，死的文字变为活的形象，学生们仿佛笼罩在荷塘的月光之下。

4.利用画面感刺激想象

中国古代文论曾强调，画即诗，诗即画(画是凝固的诗，诗是流动的画)，我们在读诗为文的过程中完全可以将诗文中的意境用具体可感的画面表现出来。如在反复读唐诗《送孟浩然之广陵》的基础上，让学生发挥想象，在脑海中勾勒出当时李白为挚友饯行的场画，通过诵读，不断将画面充实，然后透过画面体悟诗人情感，最后将画面的内容用文字再现出来。

利用画面感可分为两种情况。一种是利用图画来引发想象。例如，学习元代诗人马致远的《天净沙·秋思》时，可以展示一幅图画：在秋日的黄昏下，荒凉的古道上，鸟雀乌鸦均已还巢，不时地发出几声啼叫，不远处，小桥流水旁边稀疏的村落里，炊烟袅袅，人们正在准备着晚餐。这时，一个牵着瘦马的游子，独自缓缓地行进在古道。这幅画面，将原本单纯的文字符号变成可以看到的视觉形象，那种身在异乡、游子思归的苍凉情境随即展现在学生面前。对此，学生可以作进一步的想象，是什么原因让这名游子在炊烟袅袅的黄昏仍独自一人孤独地行进在路上呢？图画为学生品味、想象这种苍凉创设了情境。

另一种情况，就是学生通过想象，将文章描述的场景画出来，这样可以极大地调动想象思维。例如，在讲授陶渊明的《归园田居》时，让学生根据诗中所作的描述画一幅展示陶渊明归园后生活环境的画。在绘画的过程中，学生已经不由自主地身临作者的生活环境，已经理解了作者弃官归隐在平淡生活中感受到的愉悦和乐趣。

这正是所谓的"神与物游"。"以画引想"不仅培养了学生的想象力,而且可以帮助学生理解作品意境及作者的写作意图,鉴赏文学作品,从而使学生感受到艺术的美。

5. 阅读想象

阅读是开阔学生视野、增长见识、储存知识的主要途径,也是训练学生想象能力的基础。利用阅读激发学生的想象力主要有两种方法。一是引导学生将自己的思路与文章作者的思路统一起来,根据文章的内容认真感知、理解、思考、领悟,并把着力点放在创设画面、创造意境上。例如,在学习《沁园春·雪》时,就可以要求学生边读边在头脑中创设一幅"长城内外银装素裹"的画面,面对此情此景,毛泽东发出"数风流人物,还看今朝"的感叹。这种以读带想,学生似乎是在与作者散步,陪同作者思考,同时,加进了自身的感受,唤起了自身的生活经验,易于引起共鸣。二是"美读"。所谓"美读",就是绘声绘色地朗读。通过这种朗读,唤起学生的感观形象,把文中的人、事、景、物变成可看到、听到、嗅到、触摸到的客观世界的种种意境。如在《荷塘月色》中"月下荷塘"一段时,教师可首先声情并茂地范读,创设一种美的氛围与意境,使学生融情于境,然后引导学生尽情"美读",同时引发学生的视觉想象。学生在这种朗读中进入恬静幽美的"荷塘月色"意境,同时想象力也获得了极大程度的激发。

阅读想象除以上两种情况外,还可以采取"朗读中想象、朗读后想象、质疑式想象"的形式。

6. 通过角色扮演刺激想象

角色扮演不仅是再造想象的过程,也是创造想象的过程,这也是培养学生想象力的一个很好的方法。它是在语言文字材料的基础上创造出鲜活形象的过程,也是模拟情境、触动心思、促进想象的过程。在语文教材中有许多小说、戏剧,"演戏"成为"加深学生对课文的理解、调动他们的热情和兴趣、促进学生想象力的发展"

最有效的方法。例如，著名的莎士比亚戏剧《罗密欧与朱丽叶》，就可以组织学生精心排演其中某一场戏，当下达排演任务之后，学生们便多方查找资料，观看录像，仔细揣摩角色的语言、神态、动作，并与老师讨论演出的每个细节。当一切准备就绪后，便开始了他们的演出。学生们在角色扮演中，展示了人性的善与恶，演绎出情感的真谛。可以说，学生在角色扮演的过程中理解了作者的写作意图，鉴赏了文学作品。学生参与演戏的过程也正是他们想象的过程。

7. 续写或改写文章（故事）

鼓励学生发挥自己的想象力，参与文章的编写，是许多教师都做过的有益尝试，并且也取得了意想不到的效果。使用这一方法可以这样来做：

（1）选择意蕴丰富、有想头、有写头的课文。如《项链》、《警察和赞美诗》、《伤仲永》等，精彩的微型小说、小小说也可以。

（2）确定续写或改写的切入点

第一，文章的结尾处。例如，《项链》中女主人公玛蒂尔特在得知自己付出十年青春赔偿的钻石项链居然是假的之后，她心里是怎样想的、会有怎样的行为上的反应等，学生都可以展开想象的翅膀尽情编写。

第二，文章略写的部分。

案例3-11 对《卖炭翁》中两句诗的想象扩展[1]

《卖炭翁》一诗中，写卖炭翁运炭上市的两个句子："夜来城外一尺雪，晓驾炭车碾冰辙。牛困人饥日已高，市南门外泥中歇。"教师可以引导学生利用想象加以扩展：衣袖单薄的卖炭翁是如何辛苦地驾车赶路的，描绘出卖炭翁的动作、神态、心理活动等。有的学生想象：在凛冽的寒风中，卖炭翁被冻得蜷缩着身子，一只手抓住单薄的衣袖裹紧身体，另一只手拿起鞭子颤抖着无力地向瘦牛身上抽去，双眼呆

[1] 唐燕. 初中语文课堂如何激发和培养学生的想象力[J]. 素质教育，2011（11）：102.

滞地望着遥远的路途……

第三，文章中某一特殊情节。例如《木兰辞》中"将军百战死，壮士十年归"一句概括了木兰十年的从军生涯以及战争的艰苦，可以让学生通过想象复原战争的场景、编写战斗故事、想象分析木兰十年来怎样在军中掩盖住女人的身份，她在战争中又会有怎样的心理活动等。

（3）细读原著，揣摩文义，了解文章的思路、作者的意图及表现的思想感情，把握原作的语言风格。

（4）大胆想象，用自己的语言（尽可能保持原文的风格）写出。

（5）评讲。对照原作，欣赏续作的精妙之处，讨论得失，指导阅读技巧，对想象大胆、构思奇特的文章给予充分的肯定。

（四）利用多媒体技术教学拓展学生想象与创造的空间

随着多媒体技术（包括幻灯片、投影仪、录像片、VCD光盘）走进课堂，如何运用计算机辅助教学已成为当前教学法研究的热点。多媒体具有处理和控制图形、图像、动画以及声音、语言、文字、符号等多种信息的能力。教师利用多媒体教学的优势，可从声音、色彩、形象、情节、过程等方面为学生提供一个能创设间接体验的条件和场景，对刺激学生的视觉、听觉，使之获得感受、捕捉灵感、唤起想象能起到迅速积极的作用。在实际教学中，教师可以利用自制的课件展示教学内容，使学生很快进入情境，再适时地进行讲解和说明，联系学生的实际生活，使学生很快就沉浸在丰富多彩的想象中。

案例3-12 《山川秀美》教学中的"图文结合" [1]

教授七年级上册《山川秀美》时，教师可先让学生理解教材，想象长江三峡的

---

[1] 吴洪华、周建春. 运用多媒体培养学生的创造想象力[J]. 中国信息技术教育，2011（22）：108.

自然风光及自然景观。学生在充分想象之后，结合地图册的内容要求进行想象绘画，经教师评比，把优秀的绘画作品调到大屏幕上放映，然后进行三峡的分段教学并分别打出三段的名称，再让学生看图复述教材的描述。这样，图文结合，既培养了读写能力，又培养了学生的再创造想象能力。

有效的教学策略对于提高学生的认知能力作用显著，所以，每一位教师都应在教学实践中不断地探索、总结出符合中学生特点的策略。

第四章 提升学生的自主学习能力

马克思主义哲学告诉我们，事物发展是由内因和外因共同发挥作用的结果，但是根本原因在于内因。教育教学说到底是一种"学生的认识活动"，也就是说学生的发展归根结底要靠其自己的努力。多年的教育研究也早已揭示，在教学中学生才是主体。

长期以来，我国的基础教育是学科课程一统天下的局面，无论在小学还是中学，无论文科还是理科，在学习方式上都没有明显的差别。教学大纲详细罗列出学生所要学习的概念和原理等知识，教材按照学生的认识水平以尽可能有利于学生理解的方式将这些概念和原理科学、准确地呈现给学生。通过这样的学习方式，学生用十几年的时间就可以掌握前人几十年甚至成百上千年的成果积累，有效地提高了教育教学的效率，赢得了教育的时间与速度；同时也有助于学生建立系统的知识体系，为其成为某一方面的专门人才奠定了良好的基础。但是，这种学习方式的弊端也是显而易见的。学生对所学的知识理解不够深刻，简单地停留在理论层面，不善于将所学知识应用在实践中，提出问题、解决问题的能力欠缺，同时对学生价值观、情感、态度的养成也存在着一定程度的缺失。为转变这样的困局，首先就要改变学生的学习方式，变被动学习为自主学习。

自主学习是与传统的接受学习相对应的一种现代化学习方式。顾名思义，自主学习是以学生作为学习的主体，通过学生独立的分析、探索、实践、质疑、创造等方法来实现学习目标的方法。《基础教育课程改革纲要(试行)》在论及基础教育课程改革的具体目标时指出："改变课程实施过于强调接受学习、死记硬背、机械记忆的现状,倡导学生主动参与、乐于探究、勤于动手,培养学生搜集和处理信息的能力、获取新知识的能力、分析和解决问题的能力以及交流与合作的能力。"

无论是教学实践的需求,还是教学行政管理的要求,通过教学活动培养学生的自主学习能力都成为一种必然。培养学生自主学习的能力需要做好以下几方面。

第一节 有效地利用时间

什么是时间?我们可以先做个假设:如果一个人可以活80年,换算成小时就是70万个小时,除去幼儿和老年的时间,一生中能有充沛精力与能力进行工作的时间只有40年而已,40年换算成天就是14600天,再去掉睡眠、休息的时间,只剩下短短的8000天,按每天8个小时工作时间计算,8000天等于6.4万个小时,生命的有效价值的发挥就靠这8000天、6.4万个小时。从这个意义上讲,时间就是个体的生命。所以,古人用"一寸光阴一寸金"来形容时间的宝贵。我们都知道,时间是没有办法延长的,即使现今的科技再发达也不可能将一天变为25个小时。但是,我们可以通过各种方法来有效地利用时间,提高每段时间里的工作效率,如此一来,我们的生命也将得到拓宽与升华。伟大的音乐家莫扎特,在大多数人事业刚有起色的年龄即已去世,但是凭借其对时间的珍惜与充分利用,却给我们留下了18部歌剧和50多首交响曲。这正是人类有效利用时间的典型体现。所以,学会有效利用时间是实现自主学习的首要条件。

许多学生都认为有效利用时间就是舍弃休息、娱乐的时间,甚至将吃饭、睡觉的时间一压再压,似乎把学习以外的一切时间都压缩到极致就是有效利用时间了。但是,现实的情况却是,有些学生花了很多时间去学习,挤时间几乎达到了人类的极限，但仍然没有十分明显的进步；而有些学生却娱乐、休息都没有耽误，十分"悠闲"地就取得了相对较高的成绩。这种学习成绩的"马太效应"在学生中屡见不鲜。

那么，怎样才是有效地利用时间呢？

一、掌握有效利用时间的规律

任何事物的发生、发展都是有其规律可循的，遵循事物的规律就有可能成功，违背规律则必定失败。对于有效利用时间而言，同样如此。

有效地利用时间，可以遵循以下几个原则：

(一) 抓住重点

我们都有这样的经验，生活中人际关系非常好的人，也不能做到被所有人都喜欢。这个道理推及到学习也是一样的，无论多完美的学习计划也不可能将所有要复习的科目、要做的习题都计划得天衣无缝；执行计划时也总有可能会被各种各样的事件所打乱，难以严格实施。所以，当有些事情面临选择时，当有些任务我们无法完成时，应该怎么办呢？答案是抓住最重要的事情来完成。例如，我们学习的时候，计划复习语文、数学、英语、物理，那么请先将这四科按照一定的标准（如需要复习的急迫性、最有待提高的学科等）进行排序。首先复习对你来讲最重要的科目；这一科复习过后，第二重要的科目就变成了最重要的了，以此类推。

始终确保自己做的是最重要的事，实际上就是确保了自己对时间的有效利用。

(二) 根据学习内容的特点来利用时间

在一天的24个小时里，我们的身心状态、周围的环境、学习内容等都不是一成不变的，而是时时都在发生着变化，我们不可能把这24个小时简单地划分为几个等份，然后将学习内容平均地填进这几个等份之中。我们必须学会用不同的时间段适应不同的学习内容。

例如，人脑对需要大量阅读理解的内容，往往需要较长时间方能集中精力，且十分容易受外界干扰。试想，如果给学生一篇文章让其在两个小时内读完，那么，他需要用10分钟左右的时间进入阅读状态，如果这时恰巧有什么事情打断阅读，再回来又要10分钟左右集中精力，如此反复，两个小时很快过去，学生实际什么也没有"看进去"。由此可以看出，对这类学习内容应该安排在精力旺盛且不易受干扰的时间段。而需要记忆简短内容（如地名、年代等）的活动则可以放在课间进行。针对不同类型学习内容的特点安排不同的学习时间，也是高效利用时间的一种体现。

（三）将计划付诸实施

无论多么完美的计划如果不用于实际，也会变成一纸空文。因此，有效利用时间的另一个重要原则就是将计划变成现实才是对时间最有效的利用。怎样才能有效地执行计划呢？可以在每天结束的时候，将制订的计划拿出来检查检查，看看哪些完成了，哪些没有完成，完成的百分比是多少。如此反复，长时间下来就能形成一种习惯，对计划的执行率也会不断提高。

掌握了有效利用时间的基本规律，下面具体地阐述有效利用时间的一些基本方法。

二、合理计划时间

"凡事预则立，不预则废。"学习是一场持久战，需要做好全盘计划，方能取胜。所以，每个学生都应该根据自己的实际情况，制订合理的时间计划表。良好的时间规划，不但可以促进学习目标的实现，还可以起到磨炼学生意志、养成良好的学习习惯的作用。高尔基曾说过："不知明天该做什么的人是不幸的。"只有把自己的时间和精力进行合理的规划、分配，才能一步步地达到目标。但实际上，大部分学生对时间的支配都是无计划可言的，每天都非常忙碌，但却又无所收获。那么，怎样才能合理地计划好时间呢?

(一) 制订作息时间表

有不少学生一天中的学习是"脚踩西瓜皮,滑到哪里是哪里",没有一个像样的时间安排,学习状态十分糟糕。这样的学习实际上是少了一张合适的作息时间表。

案例4-1　刘莹的作息时间表[1]

刚上中学时,刘莹每天从早忙到晚。早晨5点钟起床,6点半之前赶到学校上早自习。上午的一、二节课都是在半睡眠状态中度过的。课上还得不停记笔记,中午不敢睡午觉,总怕晚上写不完作业而一定要在中午抓紧时间。她的勤奋与刻苦并没有给她带来优异的成绩。于是她制订了以下作息时间表:

5∶30 起床、洗漱、吃早饭

6∶30 早读,然后按学校安排上课,课间要到室外散步

12∶00 吃午饭、睡午觉

14∶00 下午上课

17∶30 放学后跑步20分钟后回家

18∶00~19∶00 预习英语 (要记住新单词和熟读课文)

19∶00 吃晚饭

19∶30 自学数学和其他科目 (其中,一定要注意查清自己没有理解的知识点)

21∶00 复习前一天学习的知识

注:每周末,要总结一次各科知识点,并把自己做错的题目记在一个本子上,并且一定要注明当时做错的原因。刘莹渐渐把这套学习计划变成了学习习惯。她的休息保证了,锻炼时间保证了,课堂上精神饱满,学习效率也提高了很多倍。

从以上案例可以看出良好的作息时间使学习活动变得清晰、有条理,扭转了忙

---

[1] 张全祥、徐艳玲.中学生怎样学习最有效 [M].天津:科学技术出版社,2010:184.

碌而无功的局面，保证了学习的高效率。因此，指导学生有效利用时间首要就是指导学生制订科学、合理的作息时间表。制订作息表时应该注意以下几个问题：

1. 全面制订作息时间表

教育要促进学生的德智体全面发展。因此，制订作息时间表时既要安排好学习时间，同时还应适当安排体育活动、课余生活等，劳逸结合方能保证学生的身心和谐发展。

2. 保证学生的睡眠时间

许多学生为了"挤时间"学习而一再压缩自己的睡眠时间，这是极为不可取的。睡眠不足会导致各种严重的身心疾病，最终只能是得不偿失。中学生作息时间表每天应保证8小时充足睡眠，以恢复大脑功能、满足生长发育的需要。

3. 将作息时间形成习惯

在执行作息时间表的过程中难免会受到各种考验，例如，早晨起床时，能否抵御得住被窝的诱惑，晚上有精彩的电视节目时，能否坚持把作业放在首位……所以，良好的作息时间表还需要培养学生坚韧的意志力，长期不懈地坚持，形成行为习惯。

(二) 利用好最佳时间段

科学研究证明，人的大脑有一个"生物钟"控制着人体各项活动的时间，使人的各项活动呈现出一种节律性，如到了某个时间段会觉得特别疲倦、想休息；每天早晨，一到某个时候，就会自然醒来……人体同样存在着学习的"生物钟"。一天之内，有的时候记忆力最佳，有的时候逻辑思维能力最强……如果学生能了解自己的学习生物钟，就能找出每天学习的黄金时间，做出恰当的时间选择和安排，提高学习的效率。因此，有效利用时间还应该找出自己大脑活动的规律。

最佳时间段应该是指整块的时间，十分八分的零散时间是不能称之为最佳时间段的。多年的科学研究发现，人体一天之内有四个整块的时间是可以用来高效学习的。第一个是清晨起床后，大脑经过一夜休息清除了前一天的疲劳，同时又没有新记忆的干扰，是记忆的黄金时间，譬如记外语单词、背诵课文等活动可以放在这一时间段进行。第二个是上午10点至11点，此时，肾上腺激素分泌旺盛，大脑的思考能力、认知能力是一天中最强的时候，适合用来攻克难关，比如，解各学科的难题。第三个是下午2点至3点，这一时间段可以用来复习、整理全天学过的内容。第四个是入睡前的一小时，用来复习、预习最好。

除以上一般性的学习时间规律外，不同的个体还有自己独有的学习时间规律和习惯，例如，作家巴尔扎克从半夜工作到中午，灵感最旺；教育家苏霍姆林斯基则是在早晨5点至8点之间工作效率最高。所以，还应指导学生善于发现并充分利用自己的独特的最佳学习时间，进行科学的、适合自己的高效学习。

三、抓住零散时间

时间是公平的，对每个人来讲，一天都是24小时，不偏不倚。学生们用在学习上的时间也没有明显差别，都是同样地上课45分钟、下课10分钟、早晚学习，但学习效果却不尽相同。对零散时间的利用就成为了学习效率高的学生的秘密武器。在人的一生中，除了整块的学习时间外，还有许多零散的时间可以利用。据统计，人一生除去学习、工作、休息睡眠的时间外，有三分之一的业余时间。如果从20岁算起，到60岁，就有116800个小时的业余时间，一天拿出2个小时来做某项工作，40年就是3650天，整整10年。如果充分地利用了这10年，就等于比同龄人多活了10年啊。历史上，许多名人都是善于利用零散时间的高手。音乐家莫扎特，理发的时候都在创作乐曲，常常理好发，就马上将构成的新乐曲记下来，他常说："谁同我一样用功，就会同我一样成功。"著名的科幻小说《海底两万里》也是法国作家凡尔纳在航海旅途中写成的。

在学生一天的生活中有许多这样的零散时间，课间、上学放学的路上、饭前饭后的休息时间等。成绩优秀的学生恰恰是充分地利用了这些零散时间，从而聚沙成塔，获得了比别人更多的学习时间。

利用零散时间主要有两种办法，一种是利用这类时间完成用时较少的、比较灵活的学习任务。例如，等车时间背个定理，记个单词；饭后散步背诵一首古诗等。另一种方法是用分散的时间来学习统一的内容。例如，上午有三个课间10分钟，可以都用来背一个单元的英语单词；也可以用来做一张数学试卷。

鲁迅说过"时间像海绵里的水，挤一挤总是有的"，所以，只要发挥勤奋顽强的精神，克服惰性，就没有不能利用的时间。

四、避免浪费时间

有效利用时间的另一个途径就是尽量避免时间的浪费。高尔基说："世界上最长而又最短、最慢而又最快、最容易被人忽视而又最珍贵的就是时间。"朱自清也在《匆匆》中写道："洗手的时候，日子从水盆里过去；吃饭的时候，日子从饭碗里过去；默默时，便从凝然的双眼前过去。我觉察他去得匆匆了，伸出手遮挽时，他又从遮挽着的手边过去，天黑时，我躺在床上，他便伶伶俐俐地从我身上跨过，从我脚边飞去了。"时间是生命的载体，珍惜时间就是珍惜生命。

由于某些不良习惯，学生中广泛存在着浪费时间的情况。造成学生浪费时间的原因主要有：第一，利用时间不当。不依照人脑思维能力的规律安排学习时间，学习效率不高自然导致时间的浪费。例如，根据艾宾浩斯遗忘曲线，遗忘是先快后慢的，学习过的内容应及时进行复习，但有些学生不遵循这一规律，先玩或是将知识攒到一起再复习，记忆效果自然不好。再比如，不注重用脑健康，过度用脑，反而适得其反，造成时间的浪费。第二，勤而无效。有一些同学认为单纯地勤奋读书、做习题、背诵就是充分利用时间了，殊不知，时间的充分利用除了要求勤奋之外，还要有所得，即所谓的"有效果"。试想，一名学生"勤奋"地背了100个英语单词，却连20个都没有记住，这样有何意义呢？第三，惰性。有些学生整天高喊，时间太少，另一方面对待时间却又紧张不起来。让他学习，他总是得过且过，能偷懒就偷懒，到最后关头方想起用功。

除以上不良习惯外，学生中还存在着学习时胡思乱想、坐立不安等现象。为帮助学生杜绝浪费时间的现象，可以从以下几点着手：

首先，树立正确的时间观念。有效利用时间就是要做到劳而有功。其次，帮助学生树立珍惜时间的观念，做到当日事当日毕，绝不拖到第二天完成。第三，培养学生良好的学习习惯，上课认真听讲，不做小动作，自习时精力集中。第四，向学生传授科学的学习方法，保证时间的充分利用。第五，培养学生坚韧的意志力，能抵御住外界诱惑，专心学习。

时光一去不复返，"少壮不努力，老大徒伤悲"，把握住时间就是把握住现在，更是把握住了未来。

第二节　学习迁移能力的培养

美国学者阿尔·托夫勒说过："未来的文盲不再是目不识丁的人，而是没有学会学习的人。"这里的"学会学习"应该指的就是掌握了学习的方法。传统的教师讲授、学生接受的教学方式可以使学生获得各学科的系统知识，但是在培养学生学习能力方面却不尽如人意。我国基础教育课程的一系列改革也正是为了改变这一现状。课程改革的重点是将教学由"教"转"学"，以确立学生的主体地位，培养学生的自主学习能力。自主学习能力的形成需要不断地对已有的知识结构进行系统化和概括化，这正是学习迁移的过程。可见，学习迁移对学生学习能力培养的重要作用。

一、理论依据

(一) 什么是学习迁移

学习迁移是指一种学习对另一种学习的影响或已经获得的知识经验对完成其

他活动的影响。国内外关于学习迁移的理论、著作有很多，其中美国认知教育心理学家奥苏贝尔（D.P.Ausubel）提出的认知结构迁移理论最有代表性。奥苏贝尔认为，学生原有的认知结构对新学习的知识发生影响，就是迁移。所以，认知结构是发生学习迁移的重要条件。他认为，一切有意义的学习都是在原有学习的基础上进行的，不受学习者原有认知结构影响的新学习是不存在的。所谓认知结构，指人们过去对外界事物进行感知、概括的一般方式或经验所构成的观念结构。

根据迁移的性质和结果，可以将学习迁移分为正迁移和负迁移。正迁移是指一种学习对另一种学习起促进作用，如学习过素描的人再来学习油画就会相对比较轻松。我们通常所说的迁移指的就是正迁移。负迁移是指一种学习对另一种学习起干扰或抑制作用，如我国的交通规则是右侧通行，而日本则是左侧通行，中国的司机在日本驾驶汽车就会受到原有经验的干扰。学习迁移可以表现在多个方面：知识的继承、技能的形成方面，例如，学习乘法对学习除法的影响就是知识学习的迁移；学习态度与方法方面，例如，因为喜欢旅行，所以热爱历史、地理类的科目就是学习态度的迁移；学习行为规范方面，例如，养成良好的、整洁的生活习惯，在学习各科的时候也能同样保持，即为行为规范在学习上的迁移。

（二）学习迁移的作用

1.促使教学注重学科的实际应用

培养能力是当前学校教育的重要目标。前面已经阐述过，学习迁移与形成自主学习能力密切相关，而自主学习能力不仅表现为会学习，更体现为将所学知识应用于生活实际中。学习迁移能够使学校教育由一味重视理论学习向考虑实际生活转变。如学习计算长方形的面积，传统的教学方式是教师直接在黑板上画图，标出长与宽，然后讲解公式，让学生套用公式计算的教学方式。而在学习迁移理念的背景下，我们可以将学生带到足球场，让学生们分组测量足球场的长、宽，最后把长方形面积公式向学生讲解一遍，足球场的面积就算出来了。以后无论是解题还是生活中，再遇到类似的问题，学生都可以将其转换成或大或小的长方形进行解决。

2.提高学生的学习效率

美国心理学家比格称："学校的效率，大半依学生们所学材料可能迁移的数量和质量而定。因而学习迁移是教育必须寄托的基石，如果学生们在学校学习中学习的那些材料无助于他们进一步沿着学术的程序，不但在目前，而且在以后生活中更有效地应付各种情景，那么教育就是在浪费他们的时间。"可见，学习迁移无论是在学校学习中，还是在生活中都对学生个体产生深远影响。学生通过学习迁移，找到两个学习对象间的共同点，能迅速地掌握所要学的知识，提高了学习效率，同时也为教师教学节省了时间。

3.促进教师有目的、有计划地指导学生理解掌握基本原理

两个学习内容之间能够实现迁移是因为两者之间有共同的成分，其中最主要的共同成分是共同原理。在学习迁移中，相似的原理或原则是最常见、最主要的迁移现象。例如，汉字的造字方法主要有象形、指事、会意、形声。其中形声字由形旁与声旁两部分构成，形旁表义，声旁表音，如优、碗等。学生掌握了这一规律，再遇到没学习过的字也能"猜"个八九不离十了。因此，在教学过程中教师应该有目的、有计划地指导学生准确理解、掌握基本原理。除此之外，学生自己应有意识地总结规律和方法，这样也有助于提高学习效率，所以，教师应该注意培养学生的归纳、概括总结的能力，以便于充分掌握基本原理。

4.改进教学方法

传统教学理念下，教师大多采用诸如讲授、练习、讨论等常规的教学方法。在课程改革背景下，通过培养学生迁移能力提高学生自主学习能力则要求老师不拘一格、创造性地使用教学方法。例如，生物课中学习哺乳动物的基本特征。摒弃传

统的直接罗列知识点的方法，可以针对大多数学生"哺乳动物就是陆地上用四肢走路的"这一错误观念，采用比较的方法，让学生对比海里游的鲸鱼与陆地上的动物，从而真正认识哺乳动物"胎生、哺乳、用肺呼吸"的基本特征。

（三）影响学习迁移的因素

学习过程中的许多因素都会或直接或间接地影响学习的迁移。

1. 学习材料的特点

学习材料作为学生学习知识的主要来源，对学习迁移有重要作用。关于学习迁移的各种理论都从不同角度论述过学习材料对学习迁移的影响，不同的学习材料迁移的类型、过程与效果都大不一样。桑代克指出，学习对象间的相同要素越多，迁移的量越大。可见，在选择学习材料、处理学习材料的时候要有意识地对它们进行辨别，以促进正迁移。

2. 已有经验的概括水平

形成学习迁移的关键因素是学生从学习中概括出了共同原理或掌握了概括化的原理。根据认知结构理论的代表人物奥苏贝尔的研究得出，抽象、概括程度越高的材料越能促进学生对新知识的掌握；概括水平越高，越能深刻把握事物的本质，可迁移的范围也越广，效果也就越好。

3. 认知结构的特点

认知结构是人们过去对外界事物进行感知、概括的一般方式或经验所构成的观念结构。认知结构中知识经验的丰富性与准确性，知识经验间的组织特点都会影响到学生在解决问题时提取已有知识经验的速度与准确性，最终影响学习迁移。

4. 认知技能与策略

对学习迁移产生影响的认知技能与策略主要是指学生的分析概括能力、反省认知能力。分析概括能力越强、水平越高，迁移的效果越好。反省认知能力是对认知的认知，可以帮助学生有效认识学习目标、任务，反省自己的学习能力、学习风格等，从而自觉地选择、使用学习方法，更好地实现迁移。

5.定势作用

定势是指先前的活动而造成的对另一活动的特殊心理状态。有关定势作用与学习迁移的相关研究表明，鼓励学生建立学习上的定势，有利于原有经验的迁移；定势对学习慢的学生的促进作用比对于学习快的学生的促进作用更明显。

通过以上阐述，我们对学习迁移的基本理论有了一定程度的认知。实际上，学习迁移研究并不是西方的专利，我国两千多年前的古代学者就已经注意到了学习中"举一反三"、"触类旁通"的重要作用。学习迁移作为现代教育追求的重要目标之一，尤其是在课程改革理念下，在强调培养学生实践能力的今天显得更为重要了。因此，作为现代教育工作者的教师在教学过程中培养学生的学习迁移能力也成为一种必然。

二、学习迁移能力的培养策略

根据学习迁移的基本特点及影响因素，教师可以从以下几个方面着手培养学生的学习迁移能力：

(一) 构建良好的认知结构

奥苏贝尔的认知结构理论强调，一切新的有意义的学习都是在原有的学习基础上产生的，不受学生原有认识结构影响的有意义学习是不存在的。也就是说学生原有认识结构的特征始终是影响新学习的关键。这就需要帮助学生构建好认知结构，促进正迁移。

1.保证对知识的理解，避免机械学习

许多学生都很重视对知识的记忆，但是大多停留在机械、僵化记忆的层面，这样的记忆方式不仅导致了对知识的理解掌握程度低下，更严重影响了学生运用所学知识解决实际问题的能力的培养与提高。现代教育强调，有意义的学习不单是为了"记"，更是为了"用"；不仅是掌握单个知识点，更是要实现知识的融会贯通。因此，为实现以上目标，学习迁移是学生必不可少的能力，而只有对知识全面、透彻而深刻的理解方能实现有效的迁移。所以，需要变传统的授受式学习为学生自主学习，充分调动学生学习的积极性和主动性，以提高学生对知识的理解程度与水平，为知识的迁移与应用奠定坚实基础。

2. 培养学生类化能力，构建概括性的认知结构

案例4-2 概括性认知结构的重要性

2003年在江苏省的高考卷中有这样一道题：旧民主主义革命时期中国社会政治、经济、思想、文化教育、外交等方面有哪些变化。有相当一部分学生回答不够完整和准确。试想，如果学生在平时的学习过程中有有意识地将所学的历史知识进行概括化、系统化（如将本题中提到的社会政治制度、经济、文化、外交等分成几个板块。各个历史阶段，无论是民主革命之前还是民主革命之后的政治、经济、文化、外交等举措分门别类地归纳到各个板块中，需要时提取出来进行比较、分析）是不是这个问题就迎刃而解了。

从以上的例子可以看出，构建认知结构不能单纯地将知识记牢，更应在记牢的基础上加以概括，按照不同的角度或者方向构建知识网络，这样在新知识与旧知识之间或者所学知识与待解决问题之间就建立起实质性联系，能很快地将新知识内化到原有的认知结构中，新问题也就变成了旧问题。例如，学习中国近代史，就可以将其分为三个板块——屈辱、抗争、探索。那么，学习新知识时就可以根据具体内容将其纳入到相对应的板块中，很顺利地实现了迁移。

怎样构建这种概括性的知识网络（即认知结构）呢？这就要培养学生的类化能力。类化能力是指通过思维活动把握知识经验的实质，找到新旧知识相应的内在联系，使新知识类化到已有知识体系中，在遇到同类问题时能尽快解决的能力。为培养学生的类化能力，需要优化知识结构、重新组织知识内容（例如，中学历史教材由之前的按照时间顺序纵向编排，转变为根据知识经验的本质联系横向编排），使学生头脑中的知识不断网络化、板块化、系统化，以形成网状的、概括性的认知结构。同时，教师还应在教学中培养学生的分析概括能力。

(二)寻找学习材料之间的共同点

美国心理学家、共同要素说的提出者桑代克指出，如果两种学习材料之间具有相同的的或相似的成分，学习时对于人在心理上的一系列反应具有相同的要求，可以产生正迁移。他还指出，学习对象间的相同要素越多，迁移量越大。因此，培养学生的学习迁移能力还要注意引导学生善于发现学习材料之间的共同点。

1. 教学过程中，突出知识间的共同要素

知识之间的联系主要有：(1) 新、旧知识间存在着共同的本质联系，易于沟通。如历史学科、政治学科都是反映人类社会发生发展规律的学科，所以两者之间容易实现融会贯通。(2) 新、旧知识之间有共同的基本原理，即基本法则、基本理论。例如，心理学中精神分析学派的各个时期的研究无论存在着怎样的差异，但它们所依托的理论基础是相同的。(3) 新、旧知识间有着共同的组成成分。例如，无论是哪种句子类型，其句子成分的主干都应该是主谓宾语。教师在备课过程中要透彻地研究知识内容，找出其中存在的共同要素。在课堂教学中，尽力突出新旧知识之间的共同要素。

例如，体育课上学习掷铅球技术，教师讲解示范之后，通过提问等方式引导学生找出以前学过的与掷铁饼相类似的技术，学生能迅速答出是掷铁饼、投标枪的技术，这样学生通过比较新旧知识之间的共同点，实现了正迁移，很快地就学会了掷铅球的技术。

2.重视对学生概括能力的培养

前面已经阐述过,学生的概括能力越强,迁移的效果越好。拥有较强的概括能力,方能在纷繁复杂的学习材料中去伪存真,抓住彼此之间的共同点。对学生概括能力的培养主要着重于让学生掌握概括方法。

(1) 抽象概括

抽象概括是指透过事物的外部表象,找出事物的本质。教学中,要运用多种方法培养学生的抽象概括能力。例如,语文课的许多文章中都是有其隐含意义的,比如鲁迅的《狂人日记》,在教学中就要结合时代背景等引导学生分析表层语言,揭示深层含义。形成良好的抽象概括能力,就为学习迁移打下了坚实的基础。

(2) 归纳总结概括

归纳总结概括就是用文字等将文章的中心提取出来。通过归纳概括,可以将知识类型化、系统化,进一步为学习迁移做好准备。以语文教学为例,培养学生的归纳概括能力可以引导学生归纳不同题材的散文的表现手法。例如,叙事为主的散文,通常是以一件事为中心线索的;记游的散文,则是以作者的游览路线为线索;写景抒情的散文,当然是以情感为线索。也可以以单元为单位进行归纳,语文教材一般是一个单元体现一个主题,那么就可以通过分析这一单元内各篇文章的中心思想,归纳出这一单元主要中心议题了。例如,一个单元中有《济南的冬天》、《三峡》、《春》三篇文章,《济南的冬天》描写济南冬天的温晴,《三峡》展现的是三峡壮丽的风光,《春》则借春景的特点而抒发情感。通过对这三篇文章的分析总结,可以概括出这一单元是突出描写景物特征的。

(三) 学会转换问题情境

问题情境是问题的呈现方式。转换问题情境是实现学习迁移的又一关键,一个问题的呈现方式越接近构建的原有认知结构，越有利于知识的迁移与应用。

转换问题情境实质上就是对问题的呈现方式进行变式。

案例4-3　一道历史题提问形式的变换

有这样一道历史题"魏晋时期河西地区的繁荣与西汉以来对西北的长期开拓有密切关系，请参照材料和所学知识分析汉长城如何促进了西北地区的发展。"学生在平时的历史学习中并没有接触过魏晋时期经营河西地区的内容，因此，无法将本题与原有的认知结构建立联系。这就需要变换提问形式，即所谓的变式。根据材料所示，将此题变换为"两汉时期为促进西北地区经济发展和民族融合所做的努力及影响"，顺利地将问题与原有的认知结构中"西汉修筑长城抵御匈奴、设西域都护"等内容建立了联系。

从以上例子可以看出，若想顺利实现对问题的变式，需要学生深入、透彻地理解已有的知识经验，需要学生具有较高的分析概括能力。这些在前面都已经阐述过了，在这里不赘述。

（四）克服定势作用

定势是指先前的活动而造成的对另一活动的特殊心理状态，是一种心理倾向。在形成学习迁移能力的过程中，的确需要培养解决同一类问题的心理倾向，以形成学习迁移的一般规律与方法。但是，又不能生搬硬套，要做到具体问题具体分析，如果变换情境后不能解决问题，那么就要尝试与另一个认知结构对接，以形成从不同角度迁移知识、解决问题的意识和能力。因此，必须培养学生思维的灵活性与应变能力。

培养学生思维灵活性最主要的途径就是培养学生的发散思维。发散思维是指在思维过程中，以某一问题为中心，沿着不同方向、不同角度，向外扩散，又称辐射思维。培养发散思维主要在各科教学的过程中开展。例如，数学课可以引导学生对问题的解法进行发散，进行一题多解、一题多变的训练。指导学生作文时，可以引导学生根据给定材料或给定题目，展开自由联想，多角度地构思文章。学生思考时，教师可以用语言暗示、引导，减少学生解题的盲目性；学生思考遇到困难时，教师也可给予学生提示，启发他们在思考问题时采用更科学的方法。

培养学生的正迁移能力，有利于学生灵活运用原有知识学习新知、解决问题，从而激发学生的学习兴趣，促进自主学习能力的提高。

第三节　探究性学习的指导

21世纪是知识不断更新的时代，学生在学校中所学的知识很快就会"过时"，这就需要每个个体具有继续学习的能力。我们国家若想在国际竞争中处于不败地位，必须要培养高素质的人才，相应地培养学生的自主学习能力和探究能力，为学生终身学习开辟道路，成为学校教育义不容辞的责任。在这样的时代背景下，我国基础教育课程改革的重要着眼点自然就是改变学生的学习方式，由重"教"转为重"学"，由让学生接受现成知识转变为让学生通过自主探索来获得知识、解决问题。具体到教学实践中，则是通过让学生感受、理解知识产生和发展的过程，培养其科学精神和创新思维，提高其处理信息的能力、获取新知识的能力、分析问题和解决问题的能力、语言文字表达能力以及团结协作、进行社会活动的能力。这种教学过程充分强调学生的兴趣、倾向、认识风格、感受等，确立学生的主体地位，我们称之为探究性学习。

一、探究性学习的内涵

（一）什么是探究性学习

探究性学习是以培养学生创新精神和实践能力为宗旨，以充分体现学生的主体性、主动性、参与性为前提，以个人或团体（小组）探究活动为主要形式的一种发现问题、分析问题、解决问题，从而获得科学、人文等多方面知识及能力的学习方式。

(二) 探究性学习的特征

1. 问题的探究性

传统教育是将学生需要掌握的概念、原理、公式等知识，以其能理解的形式直截了当地呈现给学生，学生在学习时不需要亲自探寻知识形成的过程，只是接受、理解、记住就可以了。而探究学习则不然，在探究学习中，学生根据教师提供的材料或情境，主动地发现其中存在的问题，自主地提出解决问题的方案，亲身运用探索、研究的形式最终解决问题、验证方案。在对问题进行探究的过程中，学生分析问题、解决问题的能力得到了培养与提高，实践能力获得了提升，思维活动性和创造性也被进一步激发。

2. 内容与过程的开放性

探究性学习的开放性主要体现在以下两方面：

第一，探究性学习是以问题为中心展开的，因此确定探索的问题就成为关键。探究性问题的确定遵循开放性的原则，既可以从课本中选取，如阿基米德定理及其应用的研究，也可以研究周围生活中的现象，如学生所在小区的绿化建设；既可以涉及历史、外交、政治等人文科学，也可以从天文、地理、生物等自然科学领域选取。需探究的问题，主要是学生根据自己的兴趣、爱好、能力水平来确定，但是由于教师、家长提出的问题更加贴近现实，可以拓展学生的思路，因此也可以适当采纳他们的建议。

第二，学生对问题进行探究的过程也是开放性的。在探究学习的过程中，学生们摒弃了传统教育中形成的单一、封闭的思维方式，代之以开放、多元的思维活动。

在探究学习中，学生们从同学、老师、文字资料、书籍、网络等一切可能的渠道获取信息；使用多种多样的研究方法；研究的场所不仅仅囿于教室之内；时间上也要比45分钟教学相对更加宽松和开放；同一问题下，研究的视角与目标、切入点、方法手段的运用等均有较大的灵活性，给学生留有足够的发挥才能和展示个性的空间。

3.学生的自主性

自主性是探究学习的显著特征，是指在学习活动中学生处于主体地位。与传统教学中由教师主导教学的情况不同，探究学习是学生自己的舞台，无论是发现问题、提出问题，还是问题解决方案的提出与实施，再到结论的得出与评价，都是由学生自主完成的。学生在自主探究的过程中可以体会到探索的乐趣，逐步形成善于质疑、勤于探究的精神，同时也可以培养合作意识与社会责任感，这些都可以促使学生的积极性、主动性进一步提高，为学生的终身发展奠定积极的基础。

4.教师的指导性

在传统教学中教师起主导作用，教师依据教学大纲的规定编排学生的学习内容，为学生选择适当的学习方法，编制测验来检验学生的学习效果等，这种情况下，学生实际上是处于被动接受地位的，而探究学习则十分强调学生的自主性与主动性。那么，是不是说在探究学习中教师就不发挥作用了呢？答案是否定的。在探究学习中教师要为学生提供资料，组织学生进行交流与讨论，及时帮助学生解决探究过程中的难题，指导学生对探究过程做好记录，观察学生在探究学习过程中表现出来的个人发展水平、学习态度、与他们合作的能力、解决问题的能力等。可以说，在探究学习中教师是指导者，是促进者，有教师的辅助方能使学生的探究学习卓有成效。

5.实践性

探究与实践是密不可分的，实践是探究性学习的另一个重要特征。例如，在探究"中学生午餐营养调查"中，必须要深入学校食堂、学校周边的"小饭馆"调查中学生午餐的具体状况，要对学生进行营养摄取的相关问卷，要通过网络了解其他学校学生午餐的营养搭配情况等。可见，探究需要实践。在实践中探究，学生既获得了知识，又培养了结合生活实际解决现实问题的能力。

(三) 探究性学习的目标与作用

1. 培养学生的问题意识

概括地讲，人类迄今为止的一切科学成果均是源于一个"问"字。因为牛顿对成熟的苹果为什么向下落而不是向上飞产生疑问，才有了万有引力定律的发现；瓦特对水蒸气的疑问，促使了蒸汽机的发明；由于现代人对古代社会生活的好奇与发问，灿烂的古代文明得以重见天日。清朝著名诗人郑板桥曾阐述过："学问二字，需要拆开看，学是学，问是问。有学无问，虽读万卷书只是一条钝汉耳。"可见，善于提问是学生学习必不可少的一个环节。围绕问题展开的探究性学习，既需要学生的提出问题的能力，同时也可以进一步促进学生问题意识的形成与发展。

2. 培养学生对信息的收集与处理能力

进行探究性学习，必然需要与主题相关的各种资料，这些资料不是由教师事先准备好提供给学生的，而是要求学生通过多种渠道自主地搜寻、分析资料，得出结论（如前所述的例子"中学生午餐营养调查"）。在这一过程中，学生收集信息、处理信息的能力得以培养与运用，并获得不断提高。

3. 使学生获得探索研究的成功体验

探究性学习的过程是学生情感、意志有所收获的过程。学生们在探究性学习中开展类似科学探索的活动，获得成功的内心体验，从而形成善于质疑、乐于探索的精神。

4. 培养学生的合作精神与能力

探究性学习也是一个合作与沟通的过程，在收集信息的时候要与受访的个人或团体交流沟通，在分析资料、解决问题的时候要与其他同学进行相互配合。因此，探究性学习的过程中学生可以逐步感受到合作与沟通的益处，形成乐于合作的精神，同时，学生的合作技能与技巧也会相应得以提升。

5. 提高学生的实践能力与创造能力

实践能力与创造能力是素质教育的两个重要目标。与传统教学相比，探究性学习在培养学生实践能力和创造能力方面具有巨大优势。任何一个问题的解决，都需要通过实践完成，都是利用已有的知识和条件产生新结果的过程，这样的过程长期坚持，必然会提高学生的实践能力和创造力。

6. 形成社会责任感

探究性学习中，无论是有关自然科学的知识还是与社会科学相关的知识，都可以运用于社会实践，以解决实际问题。因此，联系社会实际开展探究性学习，不仅能够提高学生的认知能力，更可以让学生学会关注社会事件、关心祖国命运、热心于社会进步等，为学生形成社会责任感创造条件。

二、探究性学习的开展方式

探究性学习作为一种教学方式最终要落实到实践之中。为保证探究性学习的有效开展，需要深入地理解探究性学习实践的基本理论。

在中学教学实践中，利用探究性学习这种方式开展教学主要有两个途径。

（一）课堂探究

课堂探究，顾名思义是在课堂之中进行的探究。以教学大纲规定的各学科为载体，由教师深入挖掘各学科知识本身或者教材中蕴含的可探究因素（如学生应掌握的重点、学习过程中可能遇到的难点等）创设情境，学生通过与情境相互作用，积极主动地发现问题、解决问题，从而获得新知识或验证原有知识的过程。

接下来，我们通过分析探究性学习的案例来明确课堂探究的基本过程、教师指导等问题。

案例4-4　数学探究课堂[1]

使学生理解和掌握椭圆的定义、标准方程及其推导过程，并能进行简单应用，通过数形结合，教学生猜想，培养学生的探索发现能力，帮助学生树立运动变化的观点，培养学生的探索能力和进取精神。

探究点：

1.学生利用圆的定义画出圆的图形。

2.学生寻找当定点由一个变为两个时的图形变化。

3.学生寻找当定点之间的距离不断增大时的图形变化。

探究性学习环境：

1."引导—探究"教学模式。

2.学生合作小组。

3.学生的实践活动。

4.细绳、铅笔、硬纸板等工具。

5.问题情境。

6.变式练习。

课堂节录：

教师：在前面的课中，我们学习了圆的定义及圆的方程，请同学们回忆一下，圆的定义是什么？

学生：平面内到定点的距离等于定长的点的轨迹是圆。定点叫做圆心，定长叫做圆的半径。

教师：很好。上节课后请同学们准备的细绳和铅笔及硬纸板准备好了没有？请

---

[1]　陈维莉.对中学生探究性学习的研究[J].上海：上海科学普及出版社，2001：51.

拿出来。

（学生将应用的工具拿出来）

教师：请同学们利用圆的定义在硬纸板上画一个圆。

（学生都在画图）

教师：非常好。将绳的两端都固定在硬纸的一个定点F上，用笔尖套在绳子里将绳子拉紧，使笔尖移动一周，那么笔尖画出来的图形就是圆。现在，请同学们将绳子的两端微微分开，也就是将之分别固定在硬纸板上的两点F_1、F_2上，用同样的方法画图，观察图形的形状。请同座位的两个同学相互协作。完成后请回答。

学生：图形是一个稍微扁的圆。

教师：这种作法与圆的作法有哪点不同？

学生：定点由一个变成两个。

教师：请同学们继续用此种方法再作几个图，但是将这两个点的距离进一步分开。然后观察图的形状，你有什么发现？

（学生继续以一桌为单位作图）

教师：请一个同学回答一下。

学生：随着距离的越来越大，图形变得越来越扁，我们两人认为是一个椭圆。

教师：日常生活中常常见到哪些椭圆形状的物体？

学生：油罐车的截面是椭圆，天体运动的轨迹是椭圆，小时候，画的茶杯是椭圆。圆的直观图是椭圆。

教师：回答得非常好。关于图形的形状，哪位同学还有不同的意见吗？

学生：我们两人发现，当距离越来越大时，图形是越来越扁。但是，当两点之间的距离恰好等于绳长时，这时，是画不出椭圆的。

教师：是什么形状？

学生：应该是一条直线，不对，是一条线段。

教师：很好，准确地说，是以这两个定点为端点的线段。还有同学要补充吗？

学生：还有一种情形是当这两点之间的距离大于绳长的时候，这时是不可能画出图形的，因此，轨迹是不存在的。

教师：很好！你们观察得非常仔细。你能将这个轨迹完整地叙述一下吗？

学生：分三种情形：当绳长大于这两点之间的距离时，轨迹是椭圆。当绳长等于两点之间的距离时，是以这两点为端点的线段。当绳长小于两点之间的距离时，轨迹不存在。

教师：让我们来看一下它们的图形。

教师：在上述作图的过程中，哪些量是保持不变的？

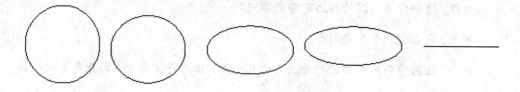

学生：绳长始终是保持不变的。还有，在作每一个图时，那两个点F_1、F_2是保持不变的。

教师：总结得很好。有哪一个同学能依照圆的定义给出椭圆的定义。

学生：平面内到两个定点F_1、F_2的距离之和等于定长$2a(2a > |F_1F_2|)$的点的轨迹是椭圆。

教师：这就是我们今天要学习的一类新的曲线——椭圆。请同学们打开课本第43页，阅读椭圆的定义。

点评：

传统的教学方法一般是利用椭圆演示一下椭圆的形成，学生对椭圆的理解仅仅停留在椭圆本身的定义上，对椭圆这种几何图形和圆之间的联系提示得不够深刻，对定义中的重要组成部分"大于$|F_1F_2|$"没有给出进一步的说明，从而容易导

致学生在椭圆定义理解上产生偏差。

本节课首先通过学生的实践活动，利用细绳、铅笔及硬纸板等简单的工具，使学生掌握了圆的图形作法，归纳出平面内到一个定点的距离等于定长的点的轨迹的作图方法。然后，通过教师创设问题情境，引导学生将掌握的作图方法迁移到"当定点变为两个时以及定点之间的距离进一步增大"的情况，通过学生观察、比较、分析、讨论图形变化情况，学生自主得出了椭圆的图形，形成了椭圆的定义。

在教学的过程中，学生直接参与课堂教学，充分体现了学生的主体作用，而启发、讨论、探究的教学方式既增加了教师与学生、学生与学生之间的交流，又能使他们的思路更加开阔，思维更加敏捷，从而引发了他们的学习兴趣。在图形由圆变化到椭圆的过程中又蕴含了运动变化和从量变到质变的哲学思想，通过学生的观察、猜想到验证，既可以让学生体会圆与椭圆两种曲线的内在联系，又使学生想象、发现的空间更加广阔。

学生反馈：

学生A：数学课本通常直接给出定义，我们不知道为什么，理解和记忆起来都有困难，久而久之，对数学就失去了兴趣，越没有兴趣就越觉得困难，越觉得困难就越没有兴趣，产生了恶性循环。而今天这种教法使我们真正了解了椭圆的定义和定义中强调的内容，不用背就能记住，很有效果。

学生B：椭圆定义中的条件"大于$|F_1F_2|$"很容易忽略，如果不是采用这种教法，我们肯定只能死记硬背，而不理解其意义。这从另一方面也教会了我们学习书上的定义和概念的方法，也就是必须对定义中的每一个字都仔细斟酌，才能掌握其精髓。

学生C：这种教法很直观，也很容易理解，我非常喜欢。

这个案例为我们直观地展示了课堂探究的一系列问题。

1.课堂探究的基本过程

(1)创设问题情境

问题情境可以激发学生的探究欲望，促使学生积极主动地参与其中。可以说，问题情境创设得是否恰当关系到整个探索的成功与否。教师对问题情境的创设需要遵循以下几个要求：

①学习材料多样化

传统教学中教学材料、学习材料就是单一的教材，在一定程度上造成了对学生思维的束缚。而探究学习需要引导学生思考，激发他们的创造性思维，学习材料自然要求丰富多样。教师在提供学习资料的时候，可以多渠道、全方面地融合各种资料，如教材、教具、相关学科的最新研究成果、开展探究需要的背景资料等。

除由教师自己搜集资料外，还可以向学生提出搜集资料的要求，学生通过各种途径查收所需资料，为培养学生搜集信息的能力创造了机会。

②情境应贴近生活

任何知识都只有在应用的过程中才能发挥其价值，学生学习知识的最终目的在于运用。另一方面，学生对在尽可能真实的、贴近现实的情境中获得的经验和知识，理解会更深刻，更明确怎样运用。

可以模拟与专家研究问题时相类似的环境，指导学生探究知识产生的过程，例如，呈现与阿基米德定律产生时类似的现象，激发学生开展探究。真实、贴近生活的问题情境，也可以与生活现象、社会事件相联系，例如，在课堂上出示与钓鱼岛相关的史实、事件，学生探究、讨论为什么会出现岛屿争端，进一步明确与"领海"问题相关的知识。

③融入多媒体技术

前面阐述过，教师创设的问题情境要尽可能真实、贴近生活。以此为前提，在创设情境时应满足形象性、直观性的要求，以刺激学生感官，调动学生的学习热情。因此，使用多媒体技术，用文字、图形、影像、音频等综合素材来搭建问题情境，成为创设情境必要的手段。

除以上几个原则外，教师在创设问题情境时，还应考虑学生原有的知识经验、个性差异、认知风格等具体问题，实现问题情境真正符合学生的实际，达到预期的教学目标。

(2)引导学生积极思考，搜集资料，分析资料，动手实践。

(3)对实践结果进行分析、综合、概括，得出结论，获得知识，帮助学生将知识运用到实际生活中。

2.课堂探究过程中采用的教学原则

课堂探究采用"引导—探究"的基本教学模式，在这一模式下，具体的探究过程还有一定的规律可循。

(1)确立学生主体地位

第一，教师确定课题、制订探究目标、搜集信息、设置探究过程等均应从学生的实际出发，确保教学适合学生。

第二，确定探究合作的小组时，应充分考虑学生的个性特征，实现在小组合作探究的过程中学生之间互相促进、共同发展。

(2)搜集的资料应有丰富的来源和多重观点，并且具有必要的复杂性。

(3)创设的问题情境应具有以下特征：适宜的难度，有趣味性，能唤起学生的探究欲望，拓宽学生思路。

(4)教师参与探究

课堂探究的过程中，教师不是置身事外的。教师应深入到学生的探究活动中，引导学生积极思维，鼓励学生发表见解，提出问题解决的方案，帮助学生渡过探究过程中的难关，为探究提供服务与支持等。此外，老师参与应贯穿于课堂探究的始终。

(5)合理评价

探究学习的评论方式，不同于传统教学的注重学习结果（成绩）的评价，而应关注学生多方面能力的发展，如搜集信息、处理信息的能力，解决问题的能力等。

(二)课题探究

课题探究是在学生自主确定课题的基础上，从课题出发，由教师指导，以小组为单位进行的探究性学习，在时间和空间上都打破了课堂的限制，实施范围更为广阔。

课题探究强调以下几个目标，即培养学生综合运动知识的能力，培养学生收集和处理信息的能力，使学生获得积极的探究经验，培养学生的合作能力。

课题探究的过程大致包括以下几部分：

1.确定课题

科学发现常常是从问题开始，比如著名的牛顿与苹果的故事。所以，爱因斯坦说过："提出一个问题往往比解决一个问题更重要。"由此可知确定课题的重要之处。这就要求学生能提出高质量的课题。那么怎样提出高质量的课题呢？

(1)善于提出问题

问题并不等同于课题，但是，课题是由问题衍生而来的。因此，必须重视问题的提出。在日常生活中每天会遇到各种各样的问题，如怎样解决交通拥堵问题？学校食堂的伙食怎样才能改善？如何提高自己的学习成绩……显而易见，并不是所有的问题都可以成为待研究的课题。

那么，学生们应该怎样提出有意义的问题呢？首先，要养成认真观察、乐于提问的习惯。第二，认真对待生活中的新奇现象、重复现象和密集现象。第三，尝试围绕一个主题提出各种问题。第四，养成记录问题的习惯，建立自己的问题库，以备后用。

(2)将问题转化为课题

学生可以从不同的角度提出多种问题，但并不是所有提出的问题都值得去深入研究，怎样从众多的问题中选出一个转化为研究课题呢？

①选题的原则

要选择可以转化为研究课题的问题，应当遵循以下原则：第一，选择的课题必须有理论与事实的基础，符合人类认知和事物发生发展的规律，否则研究必然以失败告终。第二，所选课题应该是学生感兴趣的，在研究的过程中可以发挥学生的特长，能够促进其成长发展的。第三，所选的课题是有意义的。通过研究该课题或是达到在理论上、方法上有所创新；或是具有一定积极的社会意义，能够将研究成果在社会生活中有所应用。第四，所选课题应该是可行的。学生在选题时，一定要充分考虑与课题相关的主客条件，要对下列各因素进行评估，确定该课题是否可行，包括评估参与研究的人员（包括指导教师）的知识能力水平、兴趣爱好、有哪些特长等。评估学校所能提供的实验设施、研究的场地、可供参阅的文字影响等资料是否充足。满足上述条件的课题，才有可能研究成功。

②课题的表述

对于学生来说，他们提出的课题在研究对象、研究目的与范围等方面往往模棱两可，这样课题开展起来是十分困难的。因此必须对课题有一个清晰的表述。对课题的陈述有几个要求：第一，必须为课题研究指明方向，使人一目了然所研究的是什么。第二，课题陈述应该简洁明了，不能过于复杂、拖沓。第三，对课题的表述可以是描述式的，也可以是叙述式的，还可以采用问题的形式。

常用的课题表述形式有：关于×××的研究，×××的现状与展望，关于

×××的实验研究，对×××的初探。

2．制订研究计划

拟定好待研究的课题后，要概括课题制订研究计划。研究计划是对具体怎样进行课题研究的设想，是着手研究的"行程表"。课题研究计划的基本框架是：第一，课题的表述。即课题的基本论点，以指导研究过程。第二，研究的目的与意义，课题的研究方向与重点。第三，课题的研究内容。第四，课题的具体研究方法。第五，课题研究的具体实施。包括研究人员的分工，课题研究的步骤与进度。第六，研究成果的展示。展示的手段是多样的，可以是实验报告，也可以是发明创造出的实物，还可以是调查报告等。

表4-1　学生课题研究方案表[1]

课题名称		导师	
课题组长		班级	
课题组成员			
课题提出缘由			
研究目的与意义			
研究内容			
研究方法			
研究步骤：			
1．成员分工			
2．阶段步骤：			
阶段　　　时间　　主要任务　　阶段目的			
预期成果形式			

值得注意的是，研究计划不是一成不变的，可以在研究过程中根据实际情况进行修改完善。

3．实施研究

实施研究是课题研究的主体阶段，根据前面两个环节形成的课题以及相应的实施计划，师生分工合作、协同攻关，这是课题研究成功最关键的阶段。

(1)收集资料

课题研究的具体实施是从收集资料开始的。师生在收集资料阶段需要做的有：

---

[1]　陈维莉．对中学生探究性学习的研究[M]．上海：上海科学普及出版社，2001：75．

第一步，根据课题要求，列出所需资料的提纲。

案例4-5 "家乡主要药用动物调查"调查提纲[1]

在"家乡主要药用动物调查"中，为了解当地动物资源，特别是药用动物资源的情况而制订了具体的调查提纲。

1.制订调查提纲

主要包括：题目、时间、对象、地点、内容和方法。

(1)调查内容

①主要药用动物的种类、药用部位和功能。

②哪些药用动物资源利用合理，推动了当地的经济发展？

③哪些药用动物资源被过度开发，给生态环境带来负面影响，无法维持可持续的良性发展？

④当地的药用动物资源开发利用是如何体现以养为主、采养结合的？

(2)调查方法

走访药学院、药材批发站、药店等；访问医药卫生管理部门；向曾经从事过药用动物采养的高龄老人请教当地开发利用药用动物的历史和经验；登录浏览相应的网站，查阅资料等。

收集资料的第二步，以提纲为依据，确定收集资料的渠道。收集资料的主要渠道有：到企业、商场、学校、街道办事处、政府相关机构等单位实地调查，到图书馆查阅各级文献资料，从报刊、杂志、书籍、网络等途径搜集信息，访问专家、学者、有丰富的相关经验的从业者等。

(2)分解任务，师生按照提纲开展调查

在调查、收集的过程中，教师应指导学生态度认真，采取多种记录方式（笔录、

---

[1] 冯莉.体验生物科学探究——基于案例的探究活动实验设计[M].北京：高等教育出版社，2004：147.

录音、照相、录像等）保证信息的丰富、生动，并且要将记录保存完好。

（3）统计处理资料或数据

学生们收集的大量资料，如果不进行分析、整理，对于得出研究结论是没有任何实际意义和价值的。因此，分析处理资料与数据是必不可少的一个阶段。收集到的资料主要可分为两大类——数量类和非数量类。

对于数量类的资料或数据，采用图表法进行统计。

表4-2　2000年不同国家上网人数[1]

国家（地区）	美国	加拿大	韩国	日本	英国	中国	中国台湾
网民（千人）	110825	13277	5688	18156	13975	6308	4790

非数量类的资料指的是不用数量表示的文字型资料，主要有场景（置身在一定场景下的人的行为、态度等）、档案（记载在案的史料、事实等）、实录（活动、记谈等的记录）、事例（各种反映现象的实例）等几种具体形式。对于非数量类的资料进行统计分析，主要有以下两个方法。第一，对收集到的非数量类资料从适当角度进行评价。第二，运用因果分析的方法深入挖掘资料的成因。

值得强调的是，对资料进行分析的同时不能忽略对学生能力的培养。教师应指导学生在小组分析资料时，既大胆地提出个人见解，也能虚心听取他人意见，乐于接受他人的帮助，同时也愿意与他人共享自己的资源，勤于讨论，掌握好统计分析资料的各种方法。

（4）得出结论

这一阶段主要是对统计整理资料后得出的数据进行分析，最终得出本课题研究的结论。例如，学生调查当地常见传染病，通过一系列的访问、调查、分析、综合后，得出结论：当地曾经是×××疾病的高发区，目前是×××疾病的重点防范区，

---

[1] 马联芳、叶传满. 中学生研究性学习入门指导 [M]. 上海：同济大学出版社，2001：113.

建议采取的措施是××××。

在形成结论的过程中，每个学生都应该发表见解，要从多角度进行思考与讨论，哪怕是不能有统一的结论，把不同看法归纳起来也可以是一种结论。

（5）总结成果

课题探究的结论最终要形成一定的成果展示出来，这一阶段正是要完成这一任务，即依据研究的结论撰写结题报告。结题报告应由学生在教师的指导下进行。在撰写报告的过程中，学生的归纳、总结、概括、论述能力得到了一定的培养与提高；学生也学会了怎样展示自己的成果；对研究过程中的问题进行反思与总结，进一步提高了其研究水平。

那么怎样撰写结题报告呢？

首先，明确结题报告包含哪些组成成分。结题报告是要将自己的研究过程与结论阐述清楚，因此，应该包含以下几个部分：

①研究的是什么（题目）；

②什么人研究的（课题研究的成员）；

③为什么要做这项研究（课题研究的意义与目的）；

④怎样研究（过程）；

⑤研究出怎样的结果；

⑥有哪些感受或收获；

⑦参考了哪些资料。

可见，结题报告是要依据具体的课题研究将上述内容有机地整合成文。

其次，结题报告的形式。结题报告的形式很多，但依据其用途分为两种形式。

第一种，论文。论文不是对过程的描述，而是要体现研究的理论性。通过研究取得的大量论据来证明某种观点的正确性。一般需要在学术会议或期刊上发表时，主要采用论文形式。第二种，研究报告。研究报告多是对过程的描述，是向上级汇报自己研究工作时采用的报告形式。一般有综合研究报告、科学研究报告、设计报告、调查报告、读书报告。

在撰写结题报告的过程中，教师应指导学生根据课题研究的具体情况选取适当的形式撰写报告，帮助他们完成任务。

第四节　开展合作式学习

一、合作对于人类存在的意义

美国心理学家马斯洛的需要层次理论将人的需要分为由低到高五个层次，分别是生理的需要、安全的需要、归属与爱的需要、尊重的需要、自我实现的需要。其中后面四种需要都是人类社会属性的体现。马斯洛又将生理的需要、安全的需要、归属与爱的需要、尊重的需要归为缺失需要，也就是说这些需要是我们生存所必需的，如果这些需要得不到满足，个体的生理和心理都会受到伤害，甚至危及生命。针对这一观点，生理的需要得不到满足会危及生命很好理解，那么其余三种需要得不到满足有可能危及个体生命，是不是危言耸听了呢？有这样一个故事：世界上有许多民族都拥有自己的语言，譬如汉语、英语、法语、德语、俄语、日语……各种各样的民族语言是我们人类社会宝贵的文化财富，但是，同时也给各民族的交往带来了一些不方便。有感于这种不便，不少人期望能够发明一种世界通用的语言来消除沟通的语言障碍。在13世纪，欧洲的弗雷德里克二世就是这些人中的一员，他很想弄清楚一个问题，如果婴儿听不到本民族的语言，那么他们是否会自发地说出一种世界通用的语言？为此，他决定找一些婴儿来做一个实验。他吩咐扶养孩子的母亲和奶妈给孩子们喂奶、洗澡，保证孩子吃饱、穿暖，但是不许逗弄孩子，尤其不准对孩子唠叨或说话。那么后来这些婴儿究竟会不会说话？孩子们是讲最古老的语言，如希伯来语、希腊语，还是他们亲生父母的语言或是一种新的语言？但是，弗雷德里克二世并没有从实验中得到答案，因为这些孩子夭折了。从这个"残酷"的故事中，我们知道了，对个体来说，获得安全感、成为某个群体中的一员、与人进行交往、获得彼此的尊重，跟获取食物、水分、空气同样重要。马克思主义哲学也告诉我们，人的本质属性在于其社会性，人不能脱离社会而独自存在。因此，每个个体都需要参与社会生活，与他人建立各种各样的联系。

人与人之间的联系是多样的，亲人、邻里、同事、同学、上级与下级……但是，归根结底可以概括为两种——竞争与合作。达尔文的进化论为我们揭示了生物进化的规律，即物竞天择，适者生存。在竞争中，有的物种存活下来，而那些适应不了环境变化的物种则早已销声匿迹。在人类的社会生活中，有很多人持有着同样的"竞争"的观念，认为竞发激发了个体的积极性、创造性、能动性，促进了人类社会的全面发展，将竞争推崇到无以复加的地步。现代社会，竞争也的确无处不在。国家之间综合国力的竞争、军备的竞争，企业间的产品竞争、人才竞争……在诸如企业管理、科研开发等领域，竞争也的确起到了推动作用。但是，仅有竞争就足够了吗？我们人类在陆地上不如猎豹、狮子等动物的力量与速度，在水里又不能如鱼儿般随意遨游……那么人类凭什么能战胜恶劣的自然环境、繁衍生息，最终成为万物之灵呢？在茹毛饮血的年代，如果人类各自为政、单兵作战，恐怕人类早已灭绝，更不会有今天21世纪的繁荣了。现在，没有哪个国家是可以与其他国完全割裂开来的，全球闻名的"中国制造"也是需要融合美国科技、法国设计的。同时，人类所面临的环境污染、气候变暖、恐怖主义等问题，都不是个别国家采取行动就能解决得了的，需要全球共同合作去面对。可见，竞争固然需要，但彼此合作方是人类社会发展的根本。

二、学生在学习中合作的必要性

作为社会活动的一种——学生的学习是否也需要合作呢？

一方面,社会上过度竞争的观念同样也影响到了学校教育。学生们课堂上竞争、在写作业时竞争、在考试上竞争、甚至在体育场上玩儿的时候也要竞争……学校中有相当一部分学生,认为分数、荣誉等都是有限的,自己获得的同时就剥夺了别人的权利,他们努力学习就是为了超越班上其他同学,甚至有时还对别人的失败幸灾乐祸。学校中也存在着这样的孩子,在课堂上不听课,吊儿郎当,甚至调皮捣蛋扰乱课堂秩序,但是在课下却"偷着学",以此来迷惑竞争对手,争取自己的好成绩。相信以上所为不一定是这些孩子的本心,但过分强调竞争带来的焦虑,使得学生们不懂谦让,不懂得与人分享,甚至会形成表里不一的个性特征。

另一方面,在传统的学科课程理念和班级授课制背景下,教师们统一上课,统一给学生布置作业,然后又根据每个学生的完成情况进行批改,实际上造成了学生独自完成作业、教师只是与单个学生进行交流的局面。这样一来,由于学生之间缺乏彼此沟通,不能就某一问题进行交流与讨论,得不到互相的启发。学生本身的智力水平、组织协调能力、语言表达能力、思维水平、人际交往能力等都会受到一定程度的影响,甚至阻碍学生包容、助人为乐、与人分享等良好品质的形成。

可见,在学校教育中开展合作式学习已成为一种必需。

三、合作式学习的内涵

(一) 什么是合作式学习

合作式学习古而有之,可以追溯到几千年前的犹太法典。今天,合作学习的价值被越来越多的人所认同,欧美许多国家的幼儿园、中小学乃至大学课堂,随处可见合作学习。那么怎样来定义合作学习呢?

合作式学习是以小组为基本形式,促进学生互助合作,共同达成教学目标,并以小组的总体成绩为奖励依据的教学策略与活动,也称为小组合作学习。

（二）基本要素

合作式学习有以下几个基本要素：

1. 实现小组潜能

并不是把几个学生放在一起，就可以称之为小组了。合作学习是要通过小组活动，发挥每个成员的能力，实现全体的提升与发展。

2. 积极的相互依赖

小组成员之间要形成"荣辱与共"的意识，即小组的成功需要每个成员的努力。并且，由于每个成员所担任的角色、承担的责任不同，每个人的努力都是不可替代的。

3. 个人责任

个人责任保证了小组每个成员的参与，避免了"搭便车"或"滥竽充数"的现象，是保证所有的小组成员通过合作式学习取得实质进步的关键。

4. 社交技能

合作式学习时小组内的成员是同时参与到任务的完成中的，成员们之间需要清晰准确地沟通，互相信任，彼此支持，需要协调各种努力以实现目标。一般说来，小组内的成员社交技能掌握得越好，学习的质量就越高。

5. 小组反思

通过小组反思，可以确定小组成员的哪些行为是有益的，哪些是无益的，以便在以后的合作式学习中加以改正，最终提高小组成员行为的有效性。

（三）发挥的作用

合作式学习的成果，可以从学习成绩、心理健康两方面体现出来。

1. 学习成绩方面

假设给学生一个学习任务，"搜集、整理唐朝的山水田园诗，并且从中概括山水田园诗的写作特点"。试想，学生合作完成与单独完成，哪个效果更好呢？答案是不言而明的。有国外研究表明，合作学习后的成绩要明显高出竞争型学习的成绩。因此，合作式学习也能够促使学生对学习产生更加积极的态度，加大学生对学习的时间投入与精力投入。同时，对学生的认知能力、语言能力、创造能力甚至实践能力等都会产生积极影响。

2. 心理健康方面

首先，合作式学习可以帮助学生扩大人际交往的范围，获得更多的社会支持，进一步形成良好的同伴关系。其次，在与同伴交往的过程中，学生可以学到更多的人际交往的技巧，以改善自己的人际关系。第三，在与小组成员的交往过程中，学生能通过认识他人对自己的认识与评价，形成良好的自我意识，并不断完善自我。第四，由于合作式学习带来的是"多赢"的结果，增强了学生特别是学困生的自信心，也加深了学生彼此间的情感。第五，满足学生安全、归属、尊重等多种需要，最终帮助学生促进健全人格的形成。

四、合作式学习的指导策略

我国开展合作式学习的历史并不算长，在实施的过程中存在着多处不尽如人意的地方。针对此种情况，结合合作式学习的特点，对如何开展好合作式学习，有以下几点建议：

(一) 做好思想准备工作

在合作式学习的实践中，经常会出现这种情况，小组分好了，任务也明确了，但在开展的过程中学生的热情并不会持续多久，也达不到预期的效果。出现这种情况的原因，主要是学生没有真正认识到"合作"的重要作用。这就需要在开展合作式学习之前教师要做好学生的"思想工作"。

"合作能让你交到更多的朋友"、"合作能启发你的创造力"……口头上的说教不能使学生认识到"合作"的意义。我们真正应该做的是通过实实在在的活动让学生切身体会"合作"带来的益处。例如，组织合作型的小活动，如两人三足等；与学校的心理健康老师联系，请他们对学生进行有关合作的团体训练，如著名的玻璃球游戏；给学生播放与团体协作相关的电影、短片等；也可以布置一些需要学生几人合作才能完成的作业，这样一来就让学生切实感受到了合作的必要性与有益性；或者从社会需要的角度切入，结合商界人士等榜样的成功经历，向学生介绍当前人才的一个重要标准就是是否有合作精神，让学生进一步理解"合作"的内涵。

（二）进行合作技能培训

提高合作式学习的效率还需要让学生掌握正确的方法，否则，合作学习只能在学生看似高涨的热情和吵吵闹闹的混乱中收场。

1.需要学生掌握基本的小组活动技能

（1）迅速熟悉小组成员并相互接纳；

（2）热情地介绍自己，并与别人打招呼；

（3）乐于并善于表达自己的思想；

（4）注意倾听他人的话；

（5）别人的意见值得赞扬时要不吝于表达；

（6）需要帮助能及时求助；

（7）犯了错误也能主动承认、及时改正；

（8）善于提问、善于拒绝；

（9）有幽默感；

（10）合作过程中要注意观察其他人的活动。

2.小组组长技能

合作式学习中教师不能将时间和精力都投入到某一个小组中，这就需要在每个小组中确定一名组长,以确保小组活动的顺利进行。小组组长需要发挥组织活动、协调内部关系、联系教师与同学等作用。为此,小组组长需要掌握的技能有:

(1) 快速、高效地团结小组;

(2) 紧密联系各个成员,增强小组内部的凝聚力;

(3) 提高士气,调动积极性,增强小组成员完成任务的信心;

(4) 善于处理成员间的人际关系;

(5) 能够综合处理各个成员的学习成果,形成统一结论;

(6) 能使小组活动在热烈、愉快的气氛下结束。

3. 在传授给学生以上技能时要注意的几点

(1) 让学生明确各项技能具体有哪些行为上的表现。例如,成员间交流思想时观点要清晰明确,选择词语准确,表述清楚;倾听别人发言时,要微笑地看着对方的眼睛,身体倾向对方;自己发言时要注意语气平和、不生硬等。

(2) 指导学生在学习中、日常生活中坚持使用。例如,鼓励内向的学生在生活中能经常地"热情地介绍自己,并与别人打招呼"。学生会发现自己的性格变得开朗了,朋友圈子扩大了,情绪也变得愉悦,带着这样的心情学习也会收到良好的效果。通过在生活中运用各项技能并体会其益处,也可以使学生进一步认识这些技能的价值。

(三) 合理分配小组

假设要将一个有40人的班级,分为5个小组,应该怎样做呢?你会将成绩好的学生都分在一起,然后将成绩不好的学生放到一组吗?那样,势必造成小组间的能力不均,导致合作学习的失败。合理分组的基本原则是组间同质、组内异质。

所谓组间同质、组内异质是指将性别、学习成绩、个性等方面具有异质的学生组成一个小组。这样由于每个小组内实现了合理差异，从而使各小组之间形成了大体均衡、可以比较的局面，各小组在大致公平的前提下可以进行合理竞争。而由于组内成员的异质，又可以实现互补，有利于小组成员之间互助性合作的开展，最终促进组内每个成员的认知、社会交往、个性和积极情感的全面提高。

分配小组时，主要考虑以下几个因素：

1. 学生的性别差异

心理学研究证明，男性和女性在认知风格上、思维方式上、甚至兴趣爱好上等都存在着不同程度的差异。例如，让男性和女性同样鉴赏一幅画作，那么男性一般是从整体入手理解画作要表达的意图，而女性则着重于个别细节的处理。如果在一个小组内男生与女生搭配合作，就可以结合不同的思维方式、不同的认知风格等，以丰富这个小组认识事物、解决问题的角度与方法。

2. 学生的能力

能力有特殊能力和一般能力之分，本文所述能力指的是一般能力。一般能力就是通常所说的智力，指人认识、理解客观事物并运用知识、经验等解决问题的能力，包括观察、注意、记忆、思维、想象等。每个学生都有自己的能力优势，例如，有的学生长于记忆，有的学生善于观察。即使同样是长于记忆的学生，也可能有的善于视觉记忆，而有的则在听觉记忆上更胜一筹。将具有不同能力优势的学生组合在一起，能够实现组内的优势互补。同时，也有助于成员间的相互影响，促进成员的全面发展。

3. 学生的成绩

正如前面的假设中提到的，分配小组时，成绩好的学生自然是各组争夺的焦点，而成绩差的学生则乏人问津。大部分人都抱有这种观点，即将成绩相差较大的学生混搭在一起，成绩差的学生跟不上，反而挫伤自信心，变得越来越差，而成绩好的学生也容易受到不好的影响。

但实际研究则表明，将成绩好的学生和成绩差的学生混合编组后，一方面，成绩差的学生得到了同组学生的帮助，并且有机会学习成绩好的学生的学习方法，学习的积极性获得了极大的提高；另一方面，成绩好的学生因为在学习中需要帮助组内的其他同学，增强了对小组的归属感与责任感，并且"温故而知新"，对知识有了更深入、更透彻的理解。

4.学生的个性

世界上不存在两片相同的树叶，同样，也不会有个性完全一致的学生。划分小组时应充分考虑到这一因素，以学生的气质差异为例，同一小组混合了胆汁质与粘液质的学生，可以实现互相影响，帮助胆汁质的学生倾向沉稳、理性，同时又促使粘液质的学生逐渐活跃。

5.学生的生活经历

不同的生活经历，会造就学生不同的个性特征，同时也带给学生不同的个人经验。例如，有的学生成长于乡村，那么其对自然界中动植物的特性、农作物的生长等就会有比较清晰的了解；而有的学生因为家长在工厂上班，那么他们对机械方面的常识就有可能要比其他学生多。一个小组内，穿插安排具有不同生活经历与经验的学生，可以相互启发，极大拓宽学生的视野，使其接触社会生活的真实面貌，丰富其人生经验。

在充分考虑到上述因素的基础上，将班级的40名学生分配到各组中，最终保证小组合作式学习的有效开展。

（四）确定小组目标，保证个人责任

在合作式学习的实践中常会出现这种情况，有的学生（成绩好）包办所有的事项，实际上充当了教师的角色，而有些学生却无所事事或者做与合作学习无关的事。为避免出现这种情况，可以从以下几个方面着手：

1. 开展思想教育，树立"荣辱与共"的意识，使学生意识到自己的行为关系到整个小组的成绩。因此，在小组中，每个人都要承担一定的责任，充当特定的角色，并且这个角色是无可替代的。

2. 将小组目标分解，落实到每个成员。只有每个成员都很好地完成了自己的任务，小组目标才能完整达成。前面提到的一个例子，"搜集整理鉴赏唐朝的山水田园诗，并且从中概括山水田园诗的写作特点"。若要完成这一作业，首先，搜集唐朝山水田园诗的代表人物及其作品，如孟浩然的《春晓》、王维的《山居秋暝》等。第二步，分别对各个代表人物的作品进行鉴赏，总结其写作风格及特点。第三步，将第二步所得结论进一步分析总结，集合成文。针对这样的作业，就可以将以上三个步骤进一步细分，保证每个成员都有事可做。既保证了个人的责任，又提高了小组效率。

3. 进行单元检查或测验时，不再是小组统一开展，更不允许小组的成员互相帮助，而是要每个成员依靠自己的力量单独完成。综合每个小组成员的成绩来评价小组的成绩。

4. 小组奖励是以每名成员的成绩为基础的。例如，小组分段朗读课文，只有当每个成员的错误都不多于五处时，小组的阅读成绩才能得优。[1]

5. 利用"个体提高分"（个体本次测验的分数与上次测验的分数相比提高的分

---

[1] 曾琦 . 学会合作——青少年合作学习指南 [M]. 北京：中央编译出版社，2004：86.

数)使每名学生都体会到成功的快乐,增强学生学习的积极性与主动性,从而主动承担责任,努力完成学习任务。

(五)发挥教师的多方面作用

传统的课堂教学中,教师处于众人关注的核心地位,自己一个人与班级的所有学生进行交流,实际上扮演着导演、警察、法官的角色。而合作学习则是每个小组一个中心的学生自主学习,看似不需要教师过多参与了,也确实有许多教师把合作学习当成了自己的"休息时间"。但是大量的实践证明,教师游离于合作式学习之外,放弃对课堂的监控,必将导致对学生出现的问题不能及时察觉并处理,待问题逐渐严重时,再想干预就难以控制了。所以,教师在合作式学习的过程中必须要不断地在班级内来回游走,观察各组学习的进展情况,给有需要的学生提供及时的支持与帮助,如果小组内发生影响小组活动、持续的人际关系紧张等问题时需要进行干预与协调。可见,在合作式学习中,教师并不是无事可做的,需要发挥巡视、支持、协调的作用。教师在发挥上述作用时需要注意以下一些事项:

1.巡视的速度与频率要适中,不能过快,不能过于频繁,以免扰乱学生学习的思路。巡视的范围要广,涵盖班级的任何一组。巡视的过程中,可以适当地与学生进行交流,但是交流时间不能太长,以免影响了小组的活动,也有可能影响到对其他小组的监控。在巡视的过程中,还必须相应地观察,观察的内容主要有小组成员中荣辱与共的意识是否建立,学生对学习任务的理解程度,有没有将学习任务分解落实到每个成员头上,小组成员在活动的过程中是否有沟通和交流,学生是否运用了学习过的合作技巧等。

2.当小组活动出现瓶颈的时候,教师应该适时地出现,予以方法上或思路上的支持。在给予小组活动支持的时候,要遵循启发、引导的原则,因势利导,切忌急于将正确答案或方法直截了当地告诉学生。

3. 只有在确定小组成员已经尽力了,但仍无法解决遇到的问题时,教师方可介入进行协调。在协调时,要注意方式方法,切忌贬损一方抬高另一方,也不能采取"一刀切"的方式,以免造成小组人际关系的进一步恶化。应尽量做到实事求是,"一碗水端平",不挫伤学生学习的积极性。

(六) 做好小组评价与总结

合作式学习并不因各小组完成了学习任务而结束,还需要针对各组的学习成果进行评价。在评价的过程中,还是应以学生自主评价为主,教师指导为辅。

1. 评价的主要内容

①各小组是否已经完成了所分配的任务;

②小组内的每个成员是否在活动中都发挥了自己的作用;

③小组的每名成员是否在合作学习中都有所收获;

④在合作学习的过程中有哪些成功的经验值得保留;

⑤合作学习的过程中有没有可以吸取的教训;

⑥是否存在影响合作学习进行的问题。

2. 针对以上评价内容得出的结果,教师要帮助学生进行总结

总结内容主要包括:吸取各小组有益的经验与教训,在全班进行推广,供以后的合作学习使用。分析影响合作式学习的问题,如学生在小组讨论的过程中出现意见分歧时应怎样处理;分配学习任务有学生不承担时,有哪些处理方法等。通过学生间的协商,对出现的问题加以总结,制订解决方案。在总结经验教训、解决问题

的基础上，根据各组学生的能力发展水平，确定学生未来发展的可能性，以制订合作学习的下一个目标。

第五章 学习方法的选择指导

生活中我们经常会遇到这样的情况，完成同样的工作时，有的人效率极高，有的人却截然相反，原因在哪里呢？这正是行事方法不同带来的"事半功倍"与"事倍功半"的差别。"工欲善其事，必先利其器"这句话形象地说明了方法、手段对达成目标的重要性。

对于中学生学习来讲，中学阶段课程的复杂性与多样性对其学习速度和能力提出了更高的要求。如果中学生仅仅停留在苦读、勤学水平上，是难以适应的。法国哲学家笛卡儿说过"一切知识中最有价值的是关于学习方法的知识"。因此，成功的学习并不是知识的单纯积累，而是在学习方法上的突破。中学生掌握了正确的学习方法，方能在学习中变被动为主动，变消极为积极，方能有目的、有计划、灵活有效地学习，同时也能培养自己的自学能力。

现代教育理论告诫我们，学生没有优劣之分，智力正常的学生学习成绩有差异往往是由于其没有掌握正确的学习方法。作为教师来讲，教学生掌握正确的学习方法、使他们学会学习是教育成功的重要法宝。许多全国著名的特级教师在总结教育教学经验的时候都强调："教给学生科学的学习方法比单纯地要求学生勤奋学习更重要。"可见，对中学生进行有效的学习方法指导是教师的必要工作之一。对中学生进行学习方法指导，可以从下列几个方向进行摸索，即不同学科的学习方法指导、不同个性学生的学习方法指导、不同学习任务的学习方法指导。

第一节　不同学科的学习方法指导

我国的中学阶段一般开设的学科有语文、数学、英语、政治、物理、化学、音乐、美术、体育等。每个学科都有着自己的特点，不同学科间又存在着一定差异，一种学习方法很难做到适用于所有学科。所以，学生应针对不同学科的特点掌握不同的学习方法，教师也应对学生学习方法进行不一样的指导。本节就选取其中几个科目加以阐述。

一、语文学科的学习方法指导

德国作家都德的小说《最后一课》为我们展示了语文对于一个国家、一个民族的重要作用。语文作为社会精神的产物，是人类文化传承的载体，在人类生活中有着举足轻重的地位。

语文也是知识传递的桥梁，是学好其他学科的基础，是获得知识的必需技能。无论是学习数理化，还是政史地，通过语文学习获得对事物的理解能力都是不可缺少的。比如解题时，分析题目需要语文，证明需要语文，归纳总结同样需要语文。

通过语文课的学习，学生们可以学习和欣赏语言、文字、文学知识，养成并提高听、说、读、写的能力，形象思维与抽象思维的能力也会得到一定发展。可以说，学好语文对学生的整个学习生涯都会起到良好的奠基作用。若想学好语文应该从下面几个方面着手：

（一）掌握好字词

如果说语文是一幢摩天大厦，那么字词就是构成这幢摩天大厦的一砖一瓦，掌握好字词正如给楼房建好地基。字词的掌握通常从三方面着手，即音、形、义。音主要指决定各字、词发音的拼音系统；形是指字的偏旁、部首、结构组成等；义表明的是某个字或某个词的内在含义。本书主要介绍对形与义的掌握。

1. 充分利用字典

字典是重要的工具书，在读书看报时或写文章时，遇到不认识的字、词或不会写的字、词时都可以用到字典。学会了查字典，学生就可以顺利地进行自学。因此，学会查字典、养成查字典的习惯是中学生必备的一项技能。

查字典的方法主要有以下三种：

（1）按部首查字典

按部首查字典主要包括以下几个步骤：第一步，找出要查的字的偏旁部首，数清笔画；第二，在字典的"部首目录"中找到这个部首，记清对应的页码；第三，按上一步指示的页码找到"检字表"的相应页，从中找出要查的部首；第四，数清要查的字中除部首外的笔画数，在这个部首的序列下找出相应的字。

（2）按拼音查字典

按拼音查字典主要步骤是这样的：第一，在字典的"汉语拼音音节索引"中找到要查字的音节的第一个字母的大写字母；第二，在大写字母栏下找到要查的字的音节，记住对应的页码；第三，在页码所指示的页，根据音节的声调顺序及字义，找出所要查的字。

按拼音查字典时一定要熟记汉语拼音字母表，同时，要读准字的发音，否则按拼音查字典将会遇到一定的障碍。

（3）按笔画查字典

根据笔画查字要做到：第一，数清要查的字的笔画；第二，在字典中的"难检字笔画索引"下按笔画数找出这个字，记清所指页码；第三，在页码所指示的页，确定要查字的字音与字义。

2. 纠正错别字

学生们在学习语文的过程中，辨不清错别字是经常遇到的问题。那么怎样纠正呢?

(1) 要明确产生错别字的原因

以下几个方面的原因造成了错别字的出现:

①字音相同或相近，例如，脱鞋与拖鞋，绝对与决对。

②字形相近，例如，快与怏，刺与剌。

③字形相近且字音相同或相近。例如，梁与粱，侯与候，暑与署。

④不自觉地增减笔画。例如，"武"和"贰"会多加一撇。

(2) 针对以上各种原因着手纠正错别字

①要注意字的声旁与形旁。汉字大部分为形声字，那么在辨别声旁相同或相近的两个字时，则要注意表义的形旁，以确定该字究竟是何意思，例如，优与忧。

②留心字形相近的字。例如，已、己、巳，戌、戍、戊。对于这样的字，要特别注意记住。

③熟悉字词的本来意义。对字词的含义不明也容易出现错别字，如必需（一定得有，不可缺少）与必须（一定要，强调事实或情理上的必要性）。

④多练习汉字。平时要多注意汉字的结构，记牢笔画，对字体的各部分情况要进行严格练习，熟能生巧，写错别字的机率也会不断下降。

⑤说好普通话。中国幅员辽阔、方言众多，由于各地方言习惯不同，也会造成错别字的现象。如"志"读成"自"，"四"读成"是"等。所以，一定要培养学生说好标准的普通话。

3. 积累词语，扩大词汇量

词汇是学生阅读、写文章的基石。那么怎样才能积累好词语，扩大词汇量呢?

首先，指导学生们在日常的学习和生活中要多读课文，多读有益身心的课外读物，同时还要有意识地记住那些优美的、精练的、有新意的词语。除此之外，在看电视、电影、浏览网页时接触到的平时阅读时学不到的词语，也要留心积累。

其次，在积累了一定数量的词语之后，还要指导学生对词语进行归纳分类，如根据同义、反义、近义的角度分别进行归纳，也可以按不同的应用范围进行归纳，按词语的情感色彩进行归纳等。这些都有助于学生对词语内涵及其应用的理解。

(二) 善学句子

句子是文章的组成部分，因此，中学生在学好字词的基础上还应学好句子，学好句子需做好以下几点：

1. 遣词造句

"解放军叔叔一个个匍匐前进，就像一条条绿色的青虫在地上蠕动。"在现在的中学生中，类似的造句屡见不鲜。那么应该怎样指导学生正确造句呢？

(1) 帮助学生正确理解词语的含义

这是造好句的前提，如果这一步弄错了，那造出来的句子必然是错误的。例如，处事（处理事务）与处世（在社会上活动，跟人往来相处），遏止（用力阻止）与遏制（制止，控制）等。因此，要让学生掌握词语的正确意义。

(2) 鼓励学生在造句的过程中开动脑筋

同一个词语可以用在不同情境中，例如，新鲜：今天我和妈妈去菜场，看到水果很新鲜；我第一次坐飞机，感到很新鲜，很有趣。

(3) 督促学生造句要表述完整

如"小王期待着"，至于"期待"什么不得而知，这就不是一个完整的句子。

(4) 指导学生造句表达真情实感

好的文章之所以能打动读者，正是在于其真实的感情。因此，在学生学习造句的阶段就应注意使其保证所造句子的情感。

(5) 正确使用标点符号

标点符号是句子不可或缺的部分，它们可以表示句子的停顿、语气、意思等。同样的句子，由于标点符号的不同使用，往往会产生不一样甚至截然相反的效果。因此，正确使用标点符号对于学习句子是非常必要的。

语文中常用的标点符号有逗号、句号、顿号、分号、问号、感叹号、引号、括号等。在使用这些符号的过程中，要注意以下几点：

首先，不滥用，不需要的地方不随便用。例如，"'水上部落'的形成要追溯到上世纪八、九十年代"。其中"八"与"九"之间是无需加标点符号的。

其次，分清层次。比如，一句话没说完，中间可以用逗号、顿号等分隔，结束时可以用句号、问号、叹号等结束。使用不当会使句子层次出现混乱。

第三，结合句式使用合适的标点符号。例如，陈述句用句号，祈使句用叹号，疑问句应使用问号等。

第四，标点符合的位置应使用准确，不能放在一行的开头。

2. 掌握句型

现代汉语的句型可以分为单句和复句两种。

单句是由短语或单个词构成的句子，不可再分析出分句的句子。可以分为主谓句（例如，她不在家；我上学了）和非主谓句（例如，火车！）。

但是，在汉语中（无论口语还是书面语）更多存在与使用的是复句。因此，掌握复句的类型与使用，对学生来讲成为一种必然。

复句由两个或两个以上意义相关、结构上互不作为句子成分的分句组成。复句按其关联词语可以分为并列、递进、选择、转折、因果、假设、条件等类型。下面介绍几种常用的复句：

（1）并列复句

由两个或两个以上的分句并列组合而成。常用的关系词有：一边……一边……、有时……有时……、不是……而是……、同时、也等。在叙述一件事物的几个侧面时或者是表明一正一反两个方面的情况时，都可以选用并列复句。

（2）递进复句

由两个有递进关系的分句组成。常用的关联词有：不但……而且……、并且、甚至等。当想用后一个分句表示比前一个分句更进一层意思的时候，用递进复句。

（3）转折复句

表示两个分句有转折关系。常用的关联词为：虽然……但是……、尽管……却……、但、但是、然而等。

（4）因果复句

一个分句表示原因、另一个分句表示结果的复句。常用关联词为：因为……所以……、既然……就……、因此、可见等。

（5）条件复句

前一个分句提出条件，后一个分句说明这种条件产生的结果。常用关联词有：只有……才……、只要……就……，等等。

3.理解句子

一般来讲，单独存在的句子含义比较好理解，但是，更多的句子是存在于文章之中的，在其字面意思之下往往还包含着其他深义。因此，深入透彻地理解句子，可以帮助学生实现良好的阅读。那么，这种情况下怎样理解好句子呢？

第一，联系语境。这里的语境主要指的是文章的中心思想、上下文的关系等。例如，《红楼梦》中宝玉砸玉一段，贾母有一句"你要打骂人容易，却又砸这命根子做甚"，从这句中可以看出作为命根子的玉要比所谓的下人更重要，可以帮助学生进一步认识到封建社会的残酷与黑暗。

第二，联系社会背景。例如，在《我的伯父鲁迅先生》中有一句"四周黑洞洞的，还不容易碰壁吗"，联系当时的社会背景，"四周黑洞洞"比喻的是当时社会的一片黑暗；"碰壁"则是表明在与反动派的斗争中受到的挫折与迫害。

第三，抓住关键词。"多少劳动人民的血汗和智慧，才凝结成这前不见头后不见尾的万里长城。"这句话的关键词应在"凝结"上，万里长城是怎样凝结而成的呢？"劳动人民的血汗和智慧"，可见，作者是想通过这句话歌颂劳动人民的伟大。

(三) 怎样写好作文

1. 审好题

审题就是要详细分析作文题目的要求及内涵。只有审好题目，才能有后面的好文章。审题主要从以下几个方面着手：

(1) 审好体裁

这是审题中最基本、最关键的一步。审题首先要抓住题目的关键字，如《谈上网》中"谈"表明是议论，表示应该写议论文；《记一次难忘的事》关键在于"记"字，是有记述的意思，自然应该用记叙文。其次，审题要分析题目是要求写人的还是写事的，是要求表明态度的还是要说明某项事物的。通过以上两个步骤，最后确定文章的体裁。文章的体裁主要有记叙文、说明文、议论文。

(2) 主题

体裁审好后就要确定主题，也就是考虑写这篇文章的目的。确定主题时尽力做到透过表面抓本质，深入挖掘其内涵；确定好的主题要立意新颖，言之有物，不能过于空泛。

(3) 材料

写文章切忌空洞无物，没有事例，不能以情动人。因此，要从已给定的材料或搜集好的材料中选出最典型的、最能突出文章主题的材料，力求使文章生动、感人。

2．确定中心思想

审题是解决"写什么"的问题，确定中心思想是解决"说明什么"的问题。文章如果没有中心思想，就成了堆砌的文字，没有任何意义。文章的中心思想不是凭空出现的。需要根据文章的题目、选取的材料，经过分析方能确定。一篇文章只能说明一个问题，文章的中心思想必须做到集中、统一、贯穿全文。

3．搜集积累写作材料

当有的学生说自己写文章没有话可说时，实际上是其材料不足的体现。充足的材料不是一朝一夕获得的，需要的是长年累月的不断积累。那么应该怎样搜集积累材料呢？

（1）观察

这是获得材料的重要途径。对日常生活中的人物、事物、生活情景、事件等进行有深度、有广度的细致观察，并将它们记录下来，从中获取作文材料。

（2）课外阅读

课外阅读可以开阔学生的视野，增加学生的知识储备，也能在搜集写作材料方面收到良好效果。学生们在阅读书籍、报纸杂志时，就可以把那些自己认为有用的材料，记在专门的本子上，以备日后写作使用。

（3）善于发现生活

生活中处处皆学问，处处皆素材。在日常生活中看电视、看电影、上网、与人聊天时，都会有一些新鲜的、有趣的、值得记住的事物、言语等，对这些素材多做记录，也可以获得许多写作材料。

（4）记日记

众所周知，记日记是锻炼写作能力的最好方法。但除此之外，记日记也是搜集、记录素材的有效途径。生活中每天都会发生许多事情，我们每天也会产生各种各样的感受与感悟，用日记的形式把这些所见、所闻、所感记录下来，就会成为以后写作的最好素材。

4.组织材料

材料搜集积累好后，就要精心组织材料，安排文章结构。主要包括以下几个方面：

(1) 详略安排得当

在开写之前，学生要根据自己想表达的中心思想，确定文章的主次，分清详略。体现中心思想的材料要详细写，次要的材料就可以简略地写。

(2) 做好过渡与衔接

通常，文章的内容在时间、地点上会产生变化或意思发生转变，记叙文章的方式需要变化。当出现上述情况时，为了使段落与段落之间前后连续，起承转合，相互衔接，就要用承上启下的句子、段落来过渡。那么，这样的段落或句子怎样写呢？可以使用过渡词、过渡句、过渡段，也可以通过一问一答来实现。

(3) 照应

所谓照应，是说在文章中要考虑到内容上的首尾呼应，以使文章连成一气，结构更加完整、严密。这样就要求在写作的过程中在前面做好交代，埋好伏笔，到了后文可以做到前后兼顾。

(4) 开头与结尾

这是文章的重要组成部分。写好开头与结尾，可以使文章结构完整，更能良好地表达文章的中心思想。

开头要紧扣主题，简洁明了。主要方法有：提出问题，抓住读者注意力，引起阅读兴趣；描写环境；引用名言警句；说明事件的基本情况；直接开门见山交代时间、地点、人物、事件。

结尾则要做到干脆利落,恰到好处。可以用以下方式结尾:总结全文,点明中心;展开联想,将主题进一步深化、升华;直接用事件的结果作为结尾;与文章开头呼应结束;或是在结尾时抒发内心感受,引起读者共鸣。

(5) 阅读与修改

文章写完之后,自己要重新阅读几遍。检查文章的内容是否紧扣主题、详略是否得当、有无病句、结构是否紧凑、格式是否规范、段落划分是否得当、标点使用有无错误、字迹是否工整,并且对文章进行情感上、语法上的润色,保证文章生动、形象、以情动人。

5. 几种不同角度的记叙文的写法

(1) 以叙事为主的

以叙事为主的作文是中学阶段主要的写作体裁,也是写作文章的基本技巧。中学生应该掌握好这类作文的写作方法。

首先,应该把事件记叙完整。记住叙事的基本要素,即时间、地点、人物、起因、高潮、结尾。

其次,应该写好事件的经过。这是文章的主体,通过事件经过来体现文章的中心思想。经过是一个时间发展的连续体,在作文之前要对事件的全过程有个准确的了解,这样才能写出生动、形象、具体的文章来。各段落不要采用平均的原则,而是要把最能说明事件意义的场景和过程细致、真切地展开。

第三,要写清楚事件中所涉及的人物是怎么想的、怎么说的、怎么做的。

第四,事件所处的环境也可以衬托人物性格,突出文章中心,因此也应尽量渲染气氛,增强文章感染力。

最后,要注意叙事的顺序。叙事可以顺叙,也可插叙、倒叙、补叙。无论采用哪种叙事方式,都要把事件的来龙去脉说清楚,留下完整清晰的印象。

(2) 以记人为主的

以记人为主的记叙文要注意以下几点:

首先,必须抓住人物的特点,把人物的内心世界、思想特质、性格特点等在事件的过程中,通过人物的外貌、动作、表情等形象地体现出来。

其次,如果要通过一件事来表现一个人物,就要选择那些最能够使人物形象丰满充实、生动新颖的事例。

第三,如果要通过几件事来写一个人,就要注意,突出主要的事件,略写次要的事件。选材时也要注意不要选雷同的事件,不同的事例要能从不同侧面体现人物的特点,几个事件之间要过渡自然。

最后,记人一定要做到生动传神。写外貌时,要抓住人物的外貌特征,注意写人的神情、姿态。写语言要符合人物的身份,突出人物的性格,还要注意写说话的神态。写心理,要符合当时当地的实际情况,要能反映人的情感与品质。写行为,要多叙述,将人物做什么、怎样做写得具体、形象。

(3) 以写景为主的

描写自然景物、人文景观的文章,也是中学生经常遇到的文章体裁。写景要注意:具体生动形象;抓住景物独有的特点来写;按时间或空间等顺序来写,切忌没有条理。

二、数学学科的学习方法指导

数学被称为自然科学王冠上的明珠,是航天、计算机、通讯等领域的基础学科,许多数学研究成果被广泛地应用于这些领域。学习数学可以帮助学生建立数的概念、空间概念,培养与提高学生的逻辑推理能力、抽象思维能力。可见,学好数学是多么重要。为了学好数学，可以掌握以下几种思路：

(一) 学好基础的数学概念

数学的定义、公式、法则等是数学知识体系的基本框架，是解题的基础，是推理的依据。许多学生反映，虽然已经记牢了定义、公式、法则，但是解题时还是一筹莫展，究其原因是没有真正地理解这些数学概念的内涵，自然会导致因概念不明而做错题的现象屡屡发生。

学习数学概念，可以牢记三个词，即记住、理解、应用。例如，学习概念"垂线：经过一点有且只有一条直线垂直于已知直线"时。首先，可以用制作卡片或是学生之间互考的方法，将概念牢记。其次，逐字、逐句、逐层地理解概念的内涵。"经过一点"理解为这一点可以在已知直线之上，也可以在已知直线之外；"有一条直线垂直于已知直线"是指过这一点与已知直线垂直的直线总是存在的；"且只有一条直线垂直于已知直线"说明上述直线是唯一的。最后，在记住与理解的基础上，将这一概念用于解题的实践。

(二) 多思考，多练习

1. 多思考

就是要在解答数学题目的过程中，积极地思考，多提问题。例如，已知一次函数的图像过点 (3，7) 且 x=1，y=2，求这个一次函数的解析式。做这一题时可以问自己：这道题运用了哪些数学概念与定理？解答这道题的关键在哪里？还有别的方法解这道题吗？在思考时还要学会举一反三、触类旁通，吸取经验和方法，将思考所得广泛应用于学习乃至生活的实践。

2. 多练习

学习数学不能仅仅满足于课堂上老师所讲的例题，在课后更应多做习题，题目做得越多，见过的题型越多，头脑的思路就越宽，平时积累得多了，考试时也就能从容应对了。

(三) 联系实际学习数学

案例5-1 联系实际学习概率

在教"概率初步"时,可以提出如下问题:一个人出生在正月里的概率是多少? 学生们立即回答是1/12。再问:我们班里50个同学中有几个出生在正月里的可能性最大? 同学们想了一想都回答是4个,接下去则请出生在正月里的同学举手,这一下全班同学活跃起来了。不是出生在正月里的同学都偷眼注视着举手的人,有三个男同学和一个女同学举起手来。果然是四个同学出生在正月里。真理展示在大家面前,同学们马上来了劲,所有人对概率的兴趣就被激发出来了。

所以,在学习数学的过程中让学生尝试联系实际来学习数学,体会将数学知识应用于生活实践的乐趣,相信学生们对数学的兴趣会越来越浓厚,他们的数学成绩也会突飞猛进的。

(四) 运用推理能力学习数学

数学学科可以培养学生的逻辑推理能力,同时,学好数学也需要学生发挥自己的推理能力。推理是从一个或几个已知命题推出新命题的思维形式,是获得新知识的重要方法。推理可以分为直接推理和间接推理。直接推理是只有一个前提的推理。间接推理则是有两个或两个以上前提的推理。在数学的学习过程中,运用较多的是间接推理。例如,从自然数列求和$1+2+3+4+\cdots\cdots+N$,可以推断出等差数列求和的公式为$Sn=n(a^1+a^2)/2$。

(五) 逆向思维思考数学题

当我们用常规的方法做一道数学题而无所解的时候或者从正面着手虽能解决,但是过程太过繁琐时,你有没有想过换个思考的方向和角度,从相反的方向做答呢。

所谓从相反的方面思考、做答，就是从已知条件的反面出发去进行探索，得到正面答案，使问题得以顺利解决。

案例5-2 利用逆向思维解数学题实例[1]

已知△ABC中，AB＞AC，求证：∠C＞∠B。

证明：如图1，假定∠C≯∠B，那么只能有，(1)∠C＝∠B，和 (2)∠C＜∠B两种情况，我们必须而且只须否定这两种反面情况，就能肯定∠C＞∠B。

(1) 如果∠C＝∠B，由等腰三角形的判定定理得AB＝AC，这与已知条件AB＞AC矛盾，因而∠C＝∠B是不可能的。

(2) 如果∠C＜∠B(图2)，那么可以在∠B的内部做∠CBP＝∠C，设边BP与边AC交于P点，于是BP＝CP，因P在AC上，∴AC＝AP＋PC，在△ABP中，AB＜AP＋BP，∴AB＜AP＋PC＝AC，这也与已知条件AB＞AC相矛盾。∴∠C＜∠B也是不可能的。

由 (1) (2) 可知：∠C既不能等于∠B，也不能小于∠B，∴∠C只能大于∠B。

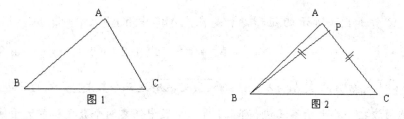

图1　　　　图2

所以，当学生们遇到百思不得其解的问题时，是不是可以帮助他们调整一下自己的思路，另辟蹊径呢？

(六) 善于利用空间想象能力学习数学

空间想象能力是人们对客观事物的空间形式进行观察、分析和抽象思维的能力。良好的空间想象能力有以下几方面内涵：一是对各基本几何图形非常熟悉，在

[1] 刁生富．中学究竟怎样读[M]．北京：海潮出版社，2010：325．

头脑中能分析图形的基本结构、位置关系；二是能借助图形来思考事物的空间形状、位置；三是对用语言或公式表达的空间形状、位置能用图形反映出来；四是能将较复杂的图形简化为基本几何图形，并能分析各图形的基本关系。

由以上论述可知，良好的空间想象能力对于学习几何可以起到事半功倍的效果。但是，如果将这种能力用于学习代数，也可以将文字简化为图形，使代数题目变得清晰明了，以便更好地做答。

案例5-3　利用空间想象能力解数学题实例[1]

已知 a、b、c、d，都是正有理数，且有 a＞b，求证：三个数 $\sqrt{a^2+d^2}$、$\sqrt{b^2+c^2}$、$\sqrt{a^2+b^2+c^2+d^2+2(cd-ab)}$ 中的任何两个数的和都大于第三个数。

证明：

①分析：因为三角形任意两边之和都大于第三边，所以只要证明这三个正数可以作为一个三角形的三条边的长度，就可证明题目的结论。

②作如图1所示的矩形，于是在△ABC中有 $AB^2=a^2+d^2$，$BC^2=b^2+c^2$，$CA^2=(a-b)^2+(c+d)^2=a^2+b^2+c^2+d^2+2(cd-ab)$。由此可见，$\sqrt{a^2+d^2}$、$\sqrt{b^2+c^2}$、$\sqrt{a^2+b^2+c^2+d^2+2(cd-ab)}$ 这三个数是△ABC的三边。因三角形任意两边之和都大于第三边，那么，得三个数中任意两个数之和都大于第三个数。

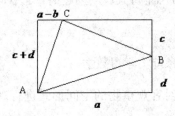

[1]　刁生富．中学究竟怎样读[M]．北京：海潮出版社，2010：339.

为培养良好的空间想象能力，在几何学习的过程中可以让学生们多观察图形，掌握各种图形的构成；多角度、多方面地想象可以对这些图形实施怎样的变化；多动手画图，寻找解决问题的方案。

（七）立体问题平面化

数学中最难的就是立体几何，这类问题比较抽象，解决起来十分困难。前面我们介绍了一个将文字题图形化的一种方法，那么我们可不可以将立体问题平面化呢？

1. 许多立体几何题虽然各基本要素不在一个空间，但可以利用直角三角形将他们转化到同一三角形内，然后只要按照解三角形问题的方法做答就可以了。

2. 给你一个圆柱体，从其表面的一端将其剪开，是不是圆柱体表面的元素都落在了一个平面上呢？以此类推，类似的立体图形题都可以用这样展开的方法解答。

3. 立体几何的基本元素是点、线、面，而平面几何的基本元素是点和线。那么，可以在做立体几何题时，将面变为线，线变为点，如将正方体变为正方形，将球变为圆，将圆锥体变为三角形，是不是类似的问题就变得好解答了呢？

（八）巧妙复习

在进行数学复习的时候，也是有法可循的。可循之法主要有：

1. 复习概念、公式、定理时，自然要做一定的例题巩固，那么例题的选择需要注意应该是最具有代表性、最能说明问题的。掌握基本做法后，触类旁通，以点带面，用于其他同类数学题的解答中。

2. 复习时也要有意识地将知识点进行归纳、分类，集中力量总结出这一类问题的方法和规律。

3. 复习过程中要善于发散思维，寻找多种解题思路，做到一题多解。

（九）从根本上提高对数学学科的兴趣

数学知识复杂、抽象、不易懂，但从本质上讲，它又蕴含着丰富的自然规律之美。

怎样能够让学生认识到这种美，提高学生们对数学学科的兴趣呢？

首先，体会数学学习的成就感，成就感会进一步推动学生对数学学科的学习兴趣。这需要教师为学生选择难度适当的、有利于获得成就感的习题供他们练习。

其次，拓宽思路，丰富学习活动，不要将数学学习仅仅停留在枯燥的概念、公式、习题中，将数学知识与广阔的生活实际联系起来，学生们会不断发现数学的逻辑与形式之美。

第三，要勤于练习。根据学生自身的实际情况制订练习方案，稳扎稳打地执行，在不断练习的过程中体会数学的乐趣。

三、英语学科的学习方法指导

英语是目前世界上第一通用语言，在国际政治关系、经济贸易、学术交流、旅游求学等领域无不发挥重要作用。学好英语，可以为学生们展开更丰富的世界的图景。因此，英语可以说是中学生必须掌握好的一项技能。

英语学习应抓好单词、语法、听说、阅读、写作几个方面：

(一) 学好单词

学习英语，要记多少单词，有着不同的标准，不同的要求。2008年北京师范大学出版社出版的教育部制定的《英语课程标准》，要求中学生掌握3300多个单词。而要比较自如地运用英语，并顺利地通过托福、雅思一类标准化考试，词汇量至少应在10000以上。因此，学习英语，单词的问题是无从回避的。可见，学好单词是学好英语必过的一关。学好单词主要是指记住单词与理解单词。那么，怎样做到这两点呢？

1. 联系学习

单词是组成句子、组成文章的基本元素，如果孤立地学习单词，必定难有成效。

那么，所谓"联系"可以怎样联系呢？

首先，联系同类词。如水果类的名词Banana、Orange，交通工具类的名词Motorcycle、Train，表示人体各器官的名词Leg、Neck等都可以联系起来成为一个单词集合，统一学习。

其次，联系可以互相搭配的词。英语中有许多固定的搭配，记住这些搭配，学习起单词来就会容易得多。例如，get on、get ready for、at the age of。

第三，同一单词在不同的语境里具有不同的意义，因此学习单词时也要注意联系上下文。例如，Slope。在句子There is always certain slope in a ship's deck（船的甲板总有几分倾斜）中作为名词"倾斜、坡度、斜度"来理解，在句子The railroad slopes up slightly at this point(铁路在此处有轻微的倾斜)中又作为动词"倾斜"来理解。[1]

2. 比较学习

比较是认识事物的一种重要方法，通过比较事物间相同（相似）点、不同点，实现对事物更具体、更深入的认知。通过比较的方法学习英语单词，可以比较反义词、同义词、多义词、名词的单复数、同音词、形似词等，这样除了记住单词的拼写与意思之外，还可以掌握彼此的区别与用法。

例如，同义词admit和confess，都有"承认"的意思。但是admit有"坦白、忏悔"的意思，confess却没有。[2]

3. 注意事项

第一，记忆单词的方法要多种多样，切忌过于单一。第二，学习单词与阅读结合起来进行，这样才能深入地理解单词的含义与用法。第三，眼睛、耳朵、手、脑等感官多渠道并用，帮助学生更为扎实地掌握单词。第四，注意及时复习、经常复习，

---

[1]　罗玉兰. 中学生怎样学出好成绩 [M]. 天津：天津科学技术出版社，2009：230.

[2]　罗玉兰. 中学生怎样学出好成绩 [M]. 天津：天津科学技术出版社，2009：230.

以免遗忘过多。

(二) 掌握语法

语法是组织造句的规则，是学习英语必须掌握的知识要点。要学好语法需要注意以下几个方面：

1. 语法基础知识要记牢。例如，学习动词的时态，那么关于动词时态的基本含义、组成形式、时间状语、基本句型等，都应掌握牢固，且要吃透内涵。

例如，现在完成时含义是：此刻以前发生的动作或情况，可以是到现在为止的这一时期中发生的情况。组成形式：have(has)+ 过去分词。时间状语：可以是词、短语、从句。如 ever、yet、for three months。基本句型：肯定句、否定句、一般疑问句、特殊疑问句。

2. 特殊用法要特别记忆。英语语法中有一些不同于一般规律的特殊用法，需专门记忆。例如，英语中表示"在什么时间"用 in(in the afternoon, 在下午)，但也有特殊的，如用 at(at night, 在夜间)。

3. 常记常练，保持良好的英语感觉。

4. 注意区分英语和汉语语法的不同，避免混淆。例如，英语有现在时、过去时、将来时等时态变化，汉语没有；英语中的语序跟汉语不完全相同等。

5. 有的教师将英语语法编成口诀，即"动词时态：四种时间各四式，联想对比便于记。时间现在和过去，各自还有将来时。一般、完成、进行式，完成进行是四式。四四共有十六种，看来复杂掌握易；除去 have/be 以外，动词变化有规律"。[1] 同学们可以加以背诵帮助自己学习，也可以发挥聪明才智自己编制口诀。

(三) 锻炼听说能力

1. 准确掌握英语语音

学习任何一种语言都应该拥有良好的听说能力，而拥有良好听说能力的第一

---

[1] 代滢 . 优秀中学生学习方法 [M]. 北京：蓝天出版社，2010：97.

步就是要掌握这门语言的语音。掌握英语语音要做到下面几点：

（1）发音准确

语言的发音需要声带、口唇、齿的配合，拥有纯正的英语发音就要掌握其发音技巧。要做到这一点，就要多模仿、多练习。模仿时选择适合自己的光盘、磁带等资料，认真听音，仔细分辨，逐字逐句地模仿，重点要模仿嘴唇、牙齿的位置。自己练习的时候，可以对着镜子观察自己的唇、齿、舌的状况，也可以请老师或者同学检查自己发音部位正确与否。

（2）注意听觉训练

说与听是密不可分的，通过听英语广播、录音等，能进一步熟悉英语语音，培养语感，持之以恒，语音水平自然会有长足进步。

（3）重视语音知识与读音规则

支撑语音的一些理论知识与规律，也是提高语音水平必须具备的。如国际音标、元音辅音的区别、连读、爆破等，元音＋辅音、辅音＋元音的读音，元音字母在重读开音节中的读音规则。掌握这些规律方能习得纯正的英语。

（4）加强练习

熟能生巧，语音学习更需要不断地练习。两个学生之间可以进行英语会话，互相纠正；经常地进行朗读练习，朗读时发音要标准，咬字要清晰；练习时把自己的发音录下来，与标准发音进行比较，找出自己的不足，加以改正。

（5）注意克服汉语的影响

许多同学在初学英语时，喜欢用汉字或者拼音给字母或单词做标注，这是极为不可取的办法，不但不会学好英语发音，反而会将汉语与英语混淆，适得其反。还是应尽力去掌握英美人的发音规律，力争语音纯正。

2．锻炼听力

（1）做好听力练习

可以从四个方面训练自己的听力。首先，同学们在做听力题的时候，最常见的问题就是跟不上录音。所以，锻炼自己的听力速度是训练听力的首要任务。在练习听力的过程中，要学会"在头脑中存一句话"，这样才有可能杜绝"一句跟不上，句句跟不上"的现象，经过不懈的练习，相信听力速度一定可以大幅度提高。其次，在练习听力的过程中不仅要"跟得上"，还要"理解得了"，要加强对听力内容深层含义的理解。最后，跟上了、听懂了，还要"记得住"。达到这一目的的方法就是要靠长期、系统的训练。

（2）加强听力训练

首先，在学习英语的过程中，无论是课堂上还是课余时间，要抓住一切机会进行训练，听老师说的英语、看英文电影、读英语新闻、收英语歌曲等。其次，考试之前可以选择模拟试题进行训练，逐步积累，对提高成绩有很大帮助。最后，一直以来，我国中学英语教育注重知识的积累而忽视听说能力的培养，所以同学们一定要转变观念，注意培养自己的听说能力，改变"哑巴"英语的不良习惯。

（3）锻炼听力要掌握五个原则

第一，随时随地练习；第二，先慢后快；第三，分段集中，将一天分为若干时间段，每个时间段集中注意力听一个内容；第四，先中后外，先听中国人的录音，再过渡到外国人录的带子；第五，听词汇，听力训练除了听课文外，还应集中一定精力听词汇。这样，日积月累，在脑子中形成了"听觉记忆"，遇到听过的词，脑子能一下反应出来。

3.增强口语能力

口语能力的训练最好的办法就是不断练习。通过模仿、背诵文章、复述、情境对话、英语讨论等方式实现。

（四）有效阅读

有效阅读是英语学习达到一定程度的必然要求，是把所学的知识运用于实践解决问题、培养能力的重要环节。若想实现有效阅读，可以注意以下几个方面：

1. 在我们所阅读的文章中存在许多结构复杂的长句甚至难句，对这类句子要学会分析结构，通过结构来理解文章的意思。因此，同学们要做好语法上的储备。

2. 英语文章中句与句、段与段之间会用一些连词或标点符号来连接（如or、that is），这些连接点往往传递着上下文的关系，所以在阅读时要特别注意这些连词或标点符号，将有助于理解句子的关系、文章层次等。

3. 阅读时往往会出现一些生词，对待这些生词也不要慌张，可以先跳过这个词，通过上下文的联系、运用推理能力判断出其含义。

4. 阅读时，尤其是考试时做阅读题，还要求阅读的速度。所以，在平时学习的过程中，要有意地训练自己的阅读速度。可以在阅读时限定阅读时间，把每分钟阅读多少个单词数记录下来，这样可以促使自己自觉地加快速度阅读。

5. 考试中阅读理解题是必不可少的一种题型，在做这类题的时候，怎样解答呢？第一步，略去细节，总览全文，理清文章的脉络，抓住文章的中心。第二步，了解提出的问题是什么，从回答问题的角度出发来明确答题的目标。第三步，对提出的问题进行分门别类，在精读时更有目的地寻找答案。第四步，在初步确定答案的基础上将全篇重新详细阅读一遍，对照问题，仔细检查，确定问题的最终答案。

（五）提高英语写作能力

中学阶段英语写作一般不要求写过长的文章，写好短文就可以了。那么如何才能写好英语的短文呢？

第一步，认真审题，确定文章的中心思想，也就是这篇文章中自己想说明什么问题，必须注意一篇文章只能有一个中心思想。例如，Hutchison memorable thing(记难忘的一件事)，对于这样的主题，文章应集中重点记述最难忘的一件事，而不能泛泛地谈好几件事。

第二步，拟好提纲。将文章的大致段落、开头结尾、层次关系等布置好。

第三步，在意念中确定要表达的意思，然后将其化成单词或短语。注意能用单词的就不用短语。

第四步，将短语按一定的语法原则组织成句子，尽量简化句子结构，能用短句就不用长句。

第五步，把分散的句子用适当的连词或标点符号连接成文。

第六步，最后对成文进行润色，内容要健康积极，逻辑顺序要合理，语法要正确。要保证文章紧扣主题、有血有肉。

除掌握以上的顺序外。平时，同学们还应该多读英语范文，多积累写作素材；经常有意识地进行写作训练，提高自己的写作水平。

英语学习不是一蹴而就的，需要长期不懈地努力，只要能坚持住，定会有好的成效。

第二节　不同个性学生的学习方法指导

曾经有一部电影，剧中的女主人公是一对双胞胎姐妹，两人的长相一模一样，难以分辨，将她们区分开来的是彼此截然相反的个性。我们在生活中是不是也曾存在过这样的疑问，为什么人与人是不同的个体？什么原因决定的呢？除了诸如血型、基因等生理因素外，是不是还有其他的决定性因素呢？答案是还存在着心理方面的因素，这个心理因素我们称之为个性。

一、个性及其影响

个性在心理学中也被称为人格，是指个体在一定社会条件下形成的，具有一定倾向的、比较稳定的心理特征的总和。个性是个体在社会化的过程中逐渐形成的，一旦形成即在个体的思想意识、道德观念、行业举止中稳定地表现出来。个性心理主要包括个体的能力、气质、性格，三者整合在一起构成个性心理，并且作为一个整体稳定表现出来。

个性的功能对个体的影响体现在其生活的多个方面，概括起来有两大功能：

第一，影响个体的人际关系。进行社会交往、形成良好的人际关系是人类与生俱来的需要。人际关系的好坏也是衡量一个人社会适应能力和健全个性的重要指标，个性对个体人际关系的影响可以贯穿整个人生。无论是与父母的关系，还是与同伴（同事）的关系、与伴侣的关系、甚至亲子关系都在接受着个体的个性特质的影响。不同个性的人，在人际交往中会产生不同的行为反应，例如，活泼开朗的人会乐于与人交往，同时容易被他人接受；而内向敏感的人则不易接受别人，人际交往的圈子较小。总之，健全、良好的个性会形成良好的人际关系，而个性存在缺陷的人其人际关系往往也存在问题。

第二，影响个人发展。有这样一个故事：古时候，在一个贫穷偏僻的小山村，有甲、乙两个学习最好的年轻人，他们二人一同赴京考试。甲的性格比较悲观，乙的性格比较开朗。且甲的成绩要比乙的成绩更好，连老师也认为甲要比乙有出息。在赴京城的路上，有一天，他们遇到了一伙送葬的人，哭哭啼啼十分悲惨。甲见了，心里十分难过，心想我十年苦读为的就是一朝高中，今天遇到这么晦气的事，不是在暗示我这次考试会名落孙山吗？而乙却让为，今天遇到送葬的，棺材、棺材，预示我要升官发财啊！自此，甲食欲不振，乙却食欲大增。到了京城，考试时，甲由于连日郁郁寡欢，脑子里一片糨糊，乙因为几天来心情舒畅，气色十分好，下笔如有神助。最终，乙金榜题名，甲回到了山村，直至后来他还告诫别人赴考时千万不要碰见送葬的。

可以说，"性格决定命运"是对这个故事、也是对个性这一功能的最好注解。不同的个性特征会导致个体在选择职业、工作环境等人生重大问题时产生不一样的抉择，例如，大学毕业时面临往何处去的重大人生选择，个性外倾的学生往往会选择到陌生但机会较多的城市去闯荡，而个性内倾的学生则更愿意留在熟悉的、相对安稳的城市打拼。不同的个性特征也影响着个体对自己人生、事业的规划，甚至会影响到个体的工作业绩等方面。

综上所述，个性的功能主要是通过其差异性实现的。

二、个性差异对中学生学习的影响

个性的差异同样显著地表现于中学生的学习过程中。目前，尚不能对哪种个性特征更有利于中学生学习下一个定论，但是个性差异对中学生学习状况的影响确确实实地存在。"一般说来，在自然语言交流和课堂学习环境中，由于外向型的学习者性格活跃，社交广泛开展，因此，获得更多接触外语的机会，使他们比内向型的人在语言学习中学得更快，也更成功。不过，由于安静的性格更不易受外界的干扰，能静下心，专注于某方面的学习，因此，内向型的人可能会在其他方面成绩占优势。在英语专门技能上，除了口语、听力理解与写作基本上不受性格影响之外，其他技能均与性格倾向存在着不同程度的线性相关，内向型的学生在总体上倾向于比外向型的学生学得好。其中，在听写方面外向者占有较大优势，而在阅读理解、完型填空、词汇、语法基础知识方面，则是内向者占有较大优势"[1]。

根据对中学生个性倾向性的研究，可以将中学生个性特征分为以下几类：

(一) 外向型

这一类中学生的个性特征是性格开朗，幽默风趣，乐于与人交流，常常给人以好感，往往受到老师和同学的喜爱，朋友很多；豁达大度，细小的常常事情不放在心上；好胜心强，意志坚定，做事果断，精力旺盛；自信，乐于挑战。但是，这类个

---

[1] 李宏. 高中学生性格差异对英语学习及教学的影响 [D]. 西南大学硕士学位论文，2008 年.

性也是存在缺点的，如注意力较难集中，耐性较差，没有计划性，即使有计划也未必能严格按其实施；能够脚踏实地，但又比较马虎，容易虎头蛇尾。

这样的个性特征体现在学习上，就会出现以下情况：愿意与同学进行交流，阐述自己的意见；很少顾及自己的面子，能够主动地请教老师和同学；遇到挫折时能积极地自我调整，自信心较强。但是，因耐性较差，很难定下心来深入细致地研究学习内容，容易出现一知半解的现象；因为其计划性差，所以，很难要求他们按部就班地学习。

（二）内向型

这类中学生做事规规矩矩，注重细节；为人处事老老实实，易于顺从他人尤其是长辈的意见；做任何事都十分有计划性，并且能按照制订的计划严格执行；冷静，情绪波动小；注意力集中。其个性中存在的缺点是做事情缺乏热情，行动力差；易于忧虑，面对困难容易退缩、恐惧，遇事优柔寡断；缺乏自信；固执，气量狭小；具有依赖性，遇到问题往往不能自己解决。

这样的学生在学习中的表现是：勤奋专一，刻苦学习；注意力集中，一旦制订了学习计划能锲而不舍地坚持下去；善于思考；情绪稳定，考虑问题周到细致。但是，由于内向型学生不喜欢参加集体活动，所以也不乐于加入集体学习，不愿与其他同学交流学习心得，这样同学之间相互启发的机会比较少；往往追求成绩的完美，容易对学习成绩产生过分焦虑，经常被不必要的担心所困扰，反而降低了学习效率；因为行动力差、依赖性强，在解决问题过程中缺乏良好的思路与方法，往往不能独自完成学习任务。

三、指导学生选择合适的学习方法

孔子早在2500年前就已提出了"因材施教"的教育原则，是从学生的实际情况出发，依据学生的年龄特征和不同心理特征，采取不同的要求、措施、途径和方法，有的放矢地进行教育。教师切实有效地实施因材施教的同时，作为教学活动主体的学生自身来讲，也应该根据自身特点采取与之相适应的学习方法，以期取得良好的学习效果。因此，针对学生不同的个性特点开展不同的学习方法指导自然成为教师们的任务之一。

(一) 外向型学生的学习方法

根据外向型个性的基本特征及其在学习过程中的表现，对这样的学生在学习的过程中应督促他们注意以下几个方面：

1.养成好学深思的习惯

外向型的学生性格爽朗，遇到问题敢于提出自己的看法，并且乐于向他人求助。但是，他们又不求甚解，以为自己领会得快，往往别人话未说完，他们就已经觉得自己已经学会了，实则不然。所以，要求这一类学生养成好学深思的习惯，以防浅尝辄止。

2.增强计划性

由于外向型学生学习、做事缺乏计划性，往往从个人兴趣和感情出发，即使制订了计划表也很难确实执行。所以，他们制订一个学习进度表成为一种必要。学生可以将每天学习的进度与收获写在表上，帮助其妥善安排接下来的学习。通过这样的自我评价、自我督促，逐渐养成有计划学习的习惯，按表上所提示的进度，扎实地完成。

3.设置学习氛围

如果用颜色表示个性，那么外向型一定是热情的红色。"红色"的学生个性活泼有余，沉稳不足，学习时容易溜号，注意力不集中。色彩学告诉我们，冷色调的蓝色可以使人心绪平静。那么，将外向型学生的学习空间设置为蓝色调，则有助于学生安静下来,踏踏实实地学习。

4.利用分散学习法

对外向型学生的个性来讲,一次性地学习一小时甚至两小时,并不会收到良好的效果。将学习划分为30分钟左右一个阶段,两个阶段之间休息10分钟,要求学生在学习的阶段高度集中精力,休息时可以做自己感兴趣的事。这种方法长期坚持下去,外向型学生的成绩定会得到提升。

5.学习的均衡

避免多日不学习、一学学一天的情况。督促学生每天保证有一定时间的学习,可以不必学习很长时间。

6.发现错误要及时改正

外向型的学生往往不在乎分数的高低与评语的好坏,所以对于作业或试卷中的错误也不会有意识地想去改正,容易导致他们总在“一个错误上跌倒”。因此,必须锻炼学生养成有错必纠的习惯,帮助他们认真地把错误改正过来,才能避免重蹈覆辙。为此,外向型学生应该准备一个本子,将犯过的错误或者做错的题记录下来,时常翻看,定期复习。

7.培养专心致志的品质

外向型学生精力旺盛,常常一心二用,甚至一心多用,实际效果反而一件也做不好。因此,在学生学习过程中,教师、家长一定要尽量保持学习环境的安静,避免使其分心。

(二)内向型学生的学习方法

1.增加体育锻炼,加强心理健康

内向型学生一般思虑过多,行动力差,不爱运动,且经常为琐事烦恼,一点小小的失误都会使他们产生烦恼,干扰到学习。因此,一定要给这类学生多创造体育锻炼的机会，如做早操、打球、跳绳等，通过运动增强学生的心理健康，培养他们健康的心态，锻炼心理承受能力。进一步地引导学生参加运动竞赛，通过体验胜负的感受，使其明白"胜败乃兵家常事"，不必沉溺于一时的失败。

2.增强学生自信心

就内向型学生退缩、规避挑战的特性，教师应该鼓励学生在课堂上大胆地回答问题，即使失败也不要顾虑；要培养学生多方面的兴趣、爱好，开阔视野；指导学生制定符合其能力的、易于成功的学习目标，通过顺利完成任务来不断提升学生的自信心，学习成绩也会随之有所提高。

3.根据自己的实际情况制订学习计划

内向型学生由于对学习成绩容易产生焦虑，反而会影响学习，所以应该为自己制订循序渐进的学习计划。另一方面，内向型学生如果在执行计划的过程中一旦遇到挫折，便会认为自己是个失败者，不会再继续实施计划，因此，教师和家长一定要鼓励这类学生严格执行学习计划，坚持到底。

4.培养兴趣，开阔视野

因为内向型学生思虑过多，常常被不必要的事情所困扰。所以，创造机会开阔眼界、培养兴趣，可以使他们不再过分关注分数，防止造成抑郁心理，影响学习效率。

5.勇于表达自己，愿意与其他同学进行交流

内向型学生遇到难题时应该大胆地表达自己的想法，提出自己的疑难，勇于向教师或其他同学求助，有了好的思想与想法乐于与他人进行交流。久而久之，学生的性格也会逐渐变得开朗，有助于学习成绩的提高。

6.自我鼓励

内向型学生惧怕挑战，遇到困难时容易产生恐惧感，这种情绪状态下，即使他们的能力能够完成的任务也有可能收到不良效果。因此，内向型学生在遇到需要解

决的问题时，无论困难与否都可以进行自我鼓励，通过心理暗示的不断强化，增强自身战胜困难、取得胜利的信心。另一方面，教师对内向型学生也要以鼓励为主，如果他们有了进步，即便是非常微小的，也要表扬，逐渐地学生会愿意亲近老师，愿意独立思考。在课堂上，有意识地给这类个性的学生表现自己的机会。注意不要在公开场合批评内向型学生，这样很容易造成学生的抵触情绪，反而适得其反。

7.设置活泼的学习环境

内向型的学生性格安静，可以用具有明快色调的物品布置学生的学习空间，营造活泼的学习氛围，以提高其神经兴奋性。

8.多与外向型学生交往

两种不同个性的学生经常相互关注，可以潜移默化地影响对方。意大利著名的浪漫主义诗人莱奥帕尔迪曾就此阐述过："每一种性格，即使是最不友善的性格，都具有某种弥补性的特点，使那种性格更为鲜明，它也比任何伪装的美德更惹人喜爱。"内向型的学生自制力强，情绪波动不大，能认真圆满地完成老师分配的任务；外向型的学生灵活性强，运动能力好，反应灵敏，身体素质好。这两种个性的学生经常共同活动，可以互相弥补、互相促进。

9.独立学习

内向型学生学习依赖性强，较难独立自主地完成学习任务。他们遇到问题时，往往首先想到的是"自己能行吗"，因此，必须从根本上让其形成"只有依靠自己才能解决问题"的意识，养成独立学习的习惯，遇到问题尽量自己想办法解决；同时，控制其求助渠道，迫使其必须自己想办法，实在解决不了再去请教他人。久而久之，学生会形成"遇事先自己想办法"的惯性思维。

10.掌握高效率的学习方法

内向型学生掌握了高效率学习的好工具，对他人的依赖程度自然会有所降低。

因此，这类学生在日常的学习中，应有意识地总结学习方法，主动向掌握好的方法的同学请教，不断积累，勤于练习。

11.参加集体活动锻炼胆量

内向型学生被动、羞怯，看似不乐于参加集体活动，但其实内心依然存在自我表现的欲望。这类学生若能主动地参与集体活动，不断锻炼自己，必将在一定程度上克服个性中的弱点，有助于学习效率的提高。

12.正确认识自己

内向型学生既要认识并承认自身存在的缺点，又不能就此背思想包袱，应下定决心以最大的努力弥补自己的不足，迎头赶上。另一方面，不能仅抓着自己的缺点，更要看到自身也存在着优点。要争取在自己善长的方面表现自己的能力，不放弃任何一个让自己体会成功的机会。只有正确地认识与评价自己，内向型学生才能获得有益的提高。

13.发挥榜样的作用

内向型学生应多阅读有益的文学作品、古今人物传记或者多学习身边的好同学，通过向榜样学习，激发雄心壮志，克服自己的某些不正确心理。

不同个性的学生按照以上所述的方法进行学习，相信可以有效克服自身缺点，取得学习效率的不断提高。值得一提的是，在学生的实际情况中，典型的外向型或典型的内向型学生，都是极少数的，大部分学生属于混合类型的。因此，学生要根据自己的实际情况选择适合自己的学习方法，教师也应帮助学生科学地运用学习方法。

第三节　不同任务的学习方法指导

从课程角度讲，中学生在学校要学习的科目有数学课、语文课、英语课、化学课、物理课等。各科的学习过程中，学生无论要完成哪些具体的学习任务，概括起来都不可避免地要面临以下两类，即阅读、记忆。针对不同的学习任务使用不同的学习方法，可以收到更为高效的成果。因此，中学生掌握与不同学习任务相适应的学习方法，有助于其学习成绩的不断提高。

一、阅读方法指导

(一) 阅读之于个人的意义

众所周知，俄国大文豪高尔基只上过几年的小学而已。但是，他凭借着坚持不懈的精神发愤读书，自学成才，最终写下了许多的不朽名著。可见，阅读在个体学习过程中的重要性。美国基础教育中就有"以阅读带动学习"的教学方式。阅读对于个体的作用主要体现在以下几个方面：

1. 获取知识

高尔基说过："在人类已经创造和正在创造的一切事物中，在每一件事物中，都包含着人类精神。而把这种精神表达得最流畅、最通俗易懂的，就是书。"各种类型的书籍中蕴含着各自相关领域的知识宝藏，学生通过阅读可以了解某一领域的基本理论同时最大限度地汲取丰富的知识。

2. 锻炼思维能力

在阅读的过程中，大脑要对文字或信息进行整理、分析、推理、想象、思考等一系列复杂的加工。这个加工过程既依赖于学生已有的思维水平，同时，在与文字或信息交互作用的过程中学生思维能力也得到了进一步的提升。

3. 开阔视野

受时间、地域、年龄等因素的限制，学生们暂时还不能做到"行万里路"，那么"读万卷书"则成为学生开阔眼界、丰富生活的一个最为重要的途径之一。

4.培养学习能力

阅读对于培养学生自学能力具有显著作用。现代社会，知识、信息飞速更新，需要每一个社会成员具备更新知识体系的能力。通过阅读培养的自学能力，可以为学生终身学习奠定坚实的基础。

每个学生都在阅读，但是，每个人的阅读都是有效的吗？每个人的阅读都发挥了上面所述的作用吗？

(二) 中学生阅读现状

1.阅读方法不细致

中学生们面临着成绩与升学的压力，他们对阅读对象的选取标准是"有助于提高成绩"。因此，他们对阅读对象仅仅停留在了解大致情节上，而对于作品的中心思想、人物形象、作者写作手法等都缺乏进一步思考，阅读效果自然差强人意。

2.阅读作品存在问题

现代社会，文学作品等出版物极大丰富，畅销书、名著简介、时尚读物等比比皆是，且书籍中图画所占的比例逐渐增大，文字内容日渐减少。中学生在选择阅读作品时，往往选择单纯读图画的部分或是选择能快速掌握信息的读物，又或是那些能够引起感官刺激的书籍。

总之，掌握有效阅读方法的人，可以从中得到颇丰的收获；不会阅读的人，即便读了很多书，还是收获不多。

(三) 有效阅读的方法

1.选择好阅读对象

这是实现有效阅读的第一步。爱迪生年轻时曾决心将图书馆的书全部读完，但是，管理员告诉他，没有目标地读书，收获是不会大的。从此，爱迪生专攻自然科学类的书籍，最终凭借阅读学到的知识成为了举世闻名的发明家。书籍的世界浩如烟海，任何一个人穷其一生也不可能将世界上所有的书籍全部阅读一遍，况且漫无目的地读书，只能使自己在书籍的海洋中迷失。因此，阅读必须要有一定的指向性。那么，怎样选择阅读的对象呢？

(1)选择最有价值的书

在人类历史的长河中，诞生了许多能够经受住时间与空间历练的书籍，读这样的书相当于"站在了巨人的肩膀上"，受益终身。因此，教师要指导学生善于分辨书籍的真正价值，避免学生受"精神垃圾"的毒害。真正有价值的书籍应该是能够传递真理、蕴含真善美的情感、给学生以启迪的，例如，文学名著等，教师应该引导学生读这种类型的书籍。

(2)选择某一学科最具代表性的书

在科学体系中，每一个学科体系下都有不计其数的相关书籍，学生可选最具代表性的来读。这样的书籍涵盖了其学科领域最基本的框架，最有价值的知识，且难度适中，学生读过后，可以对这一学科形成比较系统的基本认知，有助于对该学科的深入学习。例如，心理学学科体系中的《心理学史》、《普通心理学》等书籍。

(3)选择对学生有意义的书

什么样的书对于学生来讲是有意义的呢？从根本上来讲，应该是那些与学生的成长、发展密切相关的书籍。这就需要教师在日常的教育教学中对学生开展有效的理想教育，指导学生树立人生理想，确定自己的发展目标，进而指导学生选择与这一理想或目标关系最紧密的（最有帮助的）书籍反复阅读，深刻理解，帮助学生插上实现自身理想的翅膀。

(4)选择难度适宜的书

对于任何一个教育阶段的学生来说，太过复杂或过于简单的书都不能引起阅读兴趣，即便是勉强开始了阅读，最终也很难达到预期的效果。只有难度适中的书籍才能让学生沉浸其中，有所感悟，有所启发。

总之，阅读是学生学习的主要途径与方法，教师要保证每名学生都有目的地读有价值的、适合自己的书籍。

2.增强阅读的理解能力

在知识迅猛更新的今天，阅读能力已经成为现代人必须具备的能力，无论是在学校读书的学生，还是在工作岗位上的成人。但是，大部分人甚至是教师对阅读活动的要求都是只求读懂，不强调阅读的速度。自古以来，我国就有"书读百遍其义自现"之说，但是现今的时代需要个体掌握大量的信息，而时间又十分宝贵，不允许人们把大量宝贵的时间花费在"百遍"地读一两本书上。如同火车提速一样，当代的社会同样需要阅读的高速。

阻碍阅读速度提高的一大因素是，大部分人认为阅读速度快会造成囫囵吞枣的现象，会阻碍对内容的理解。我们自然不能因为追求速度，在现有阅读能力的基础上拼命地往前赶，而忽略了所读东西要表现的内涵。因此，在增强阅读理解力的基础上提高阅读速度，才是正确的思路。

增强学生阅读理解力的主要途径有：

(1) 改善学生的知识储备

①增加知识含量

一个人如果没有高深的物理学知识，是无论如何也不可能把爱因斯坦的相对论著作读懂的。所以，若想增强学生对阅读书籍的理解力，首要的就是要增加学生的知识含量，储备的知识含量越多、范围越广，在阅读时遇到不懂之处的情况则越少。为此，中学生应该在日常的学习和生活中，自觉地广泛涉猎多领域的知识。

②保证储备知识的质量

所谓知识的质量，指的是知识的理解程度与记忆的牢固程度。学生对原有知识的理解程度会影响到他对新知识的理解，例如，对于音乐知识只是懂一点皮毛的人和深入研究音乐的人来讲，他们接受新的音乐相关信息时，两个人的理解速度与质量是完全不同的。另一方面，如果学生对储备的知识记忆不牢固，需要运用到信息时则不能从记忆系统中提取出来，那么阅读理解力将大打折扣。

③合理化知识结构

组织结构是个人所掌握的各类组织在头脑中的组合方式。每个人的知识结构都是其特有的。知识结构本身应该是立体的，各类组织之间以一定的比例、相互关系构成一个整体。要使学生的知识结构呈现合理化，主要做到以下几点：

首先，结构要全面。现代科学主要划分为自然科学与社会科学两大类，知识全面的人，应该掌握这两大方面的基本常识。达·芬奇除了是著名的画家外，还是哲学家、地理学家、音乐家，而许多历史上著名的科学家，在社会科学领域也同样有所建树。学校开设的各门课程是依据人类知识的总体结构而设计的，所以，教师要保证学生把各门学科都学好，避免偏科的现象。在此基础上，扩大学生的知识面，形成更全面的知识结构。

其次，富有创造性。如果一个人读了很多书，储存了大量的知识，但是却不能在原有知识的基础上去创造性地提出新的见解，做出新的贡献，那么他也只是一个活动的"书柜"而已。教师要帮助学生形成富有创造性的知识结构。一般来说，各类学科之间相互联系得越广，程度越深，越富有创造性。把我们通常所学的数、理、化、政、史、地等学科联系起来学习，往往会有意想不到的效果。这就是我们所说的"融会贯通"。所以，学习各科时，要注意指导学生进行横向联系。

(2) 掌握阅读理解的技巧

方法与技巧就是学习的工具，掌握一定的行之有效的方法与技巧，学习也会得心应手。学生需要掌握的阅读理解技巧主要有：

①动手记录

一代文豪列夫·托尔斯泰的身边永远要带着纸和笔，随时将读书时或谈话时的美妙语句记录下来。阅读时勤做记录有利于积累资料，提高学生的文字表达能力；同时，也可以训练学生思维的条理性，提高分析问题、解决问题的能力。那么，怎样做记录呢？

第一，把自己认为重要的或者是觉得写得好的字、词、句、段、章等用特定的符号在文章上做好标记。根据个人的不同喜欢，通常所用的记录符号有单线、双线、曲线、圆圈、三角形、方框等。必要的时候，还可以加感叹号等着重强调。这样一来，需要用到这些字、词、句的时候，就可以很快找到了。

第二，写批注，也即所为的眉批。在书本的空白部分将自己的看法、见解、体会、领悟用简单的语言记录下来，可以帮助理解文章，方便与他人讨论或向他人请教。

第三，做好读书笔记。马克思在写《资本论》时，阅读、摘录了1500多本书，记了60多本笔记，对当时著名的经济学家的著作都做了详细的研究。读书笔记有两种写法，即摘录与心得。

摘录是将文章中自认为有价值的部分摘抄下来，可以是名言警句，也可以是独到的观点等，作为自己的资料库以备后用。例如，美文中的段落、句子。"雨是最寻常的，一下就是三两天。可别恼，看，像牛毛，像花针，像细丝，密密地斜织着，人家屋顶上全笼着一层薄烟。树叶子却绿得发亮，小草也青得逼你的眼。傍晚时候，上灯了，一点点黄晕的光，烘托出一片安静而和平的夜。在乡下，小路上，石桥边，撑起伞慢慢走着的人，还有地里工作的农夫，披着蓑，戴着笠的。他们的草屋，稀稀疏疏的，在雨里静默着。"

心得是整理自己对文章的收获与体会，心得的内容既可以是对文章的思想性的认识，也可以是对文章写作手法等的评价。写心得体会对中学生是十分重要的一种阅读技巧，中学语文教师对此都应有所侧重和要求。

读书笔记的记录形式有两种，即笔记本式、卡片式。

笔记本式有两种具体形式，针对各个学科记专项笔记，对课外阅读做综合类的笔记。采用笔记本式记录时要注意：首先，给笔记做目录，以便能迅速找到所需内容，例如，专项笔记可以分章节做目录；综合类笔记可以根据领域不同制作目录。其次，笔记本也要留白，以备日后补充内容之用。

卡片式记录主要的优点是使用方便、灵活。制作卡片时要注意以下几方面：第一，卡片容量有限，不能长篇大论全部登记下来，中学生要学会用高度精炼的语言概括原文。第二，卡片所记录的内容的出处，如引自哪篇文章、作者、文章的出处等都要记录清楚、完整，以备日后需要原文时，有的放矢地寻找。第三，管理好卡片。可以通过对卡片进行编号，例如，以"1"开头是指数学类卡片，以"2"开头是指地理类卡片等，保证查找起来方便快捷。

②抓住重点

所谓的重点，即是揭示文章主旨、内涵的部分。通常，文章的开头、结尾、过渡句等均是重点所在，学生可以从这几处着手找准重点。

抓文章重点时要注意：第一，切忌滥画重点，分不清主次，将整篇文章恨不得全都画上，一定要认清目标，只画出关键词就可以。第二，不能仅仅停留在找到重点，更要将所画的重点加以整合、概括。

③重视书籍目录

在开始读一本新书的时候，往往有的学生会不管三七二十一拿过来就开始读，读着读着会发现，自己读到的只是一些细枝末节，而整本书所要表达的思想并不明确。这就是忽略书籍目录的后果。

目录为我们展示了一本书的基本结构，告诉读者本书包括哪些内容，各个章节之间有着怎样的内在逻辑联系等。仔细阅读目录，可以帮助学生从全局把握书籍，弄清哪部分是重点，从而加深对内容的理解。

3.提高阅读速度

如前所述，当今社会对学生阅读的要求是既要读得懂，还要读得快。那么，在学生具有较高阅读水平的基础上，对学生进行提高阅读速度的训练就成为一种可能。

(1)克服不利因素

中学生在阅读的过程中，有一些不正确的方式或是小毛病会影响到阅读的速度。所以，提高学生阅读速度，首先就要克服掉这些不利的因素。

第一，扩大视野范围，改掉逐字逐词阅读的习惯。小学时，逐字逐词阅读是学生主要的阅读方式，但是随着年级的升高、阅读文章的复杂化，这样的阅读方式由于视野过于狭窄（每次只能看清1-2个字），阅读一句话停顿的次数过多，极大地束缚了阅读速度。因此，若想提高阅读速度，改掉这一习惯，扩大视野范围是必需的。

第二，避免发音阅读。有相当一部分中学生在阅读时习惯于发出声音，研究表明，这种阅读方式在眼睛与大脑的联通之间，加入了"口说"的环节，大大延长了阅读的时间。所以，为了提高阅读速度，一定要避免发音阅读，坚持默读。默读时，要做到集中注意力，边阅读边思考。

第三，杜绝回读。有些阅读技巧差、注意力不易集中的学生，经常出现这样一种情况，读完一句话又回到开头重读一遍。这样自然极大地减慢了阅读速度。为克服回读，在阅读的过程中要做到集中注意力，不走神溜号，阅读时也可以准备纸板等,将读过的文字挡住,强制自己不再回读。

(2)掌握快速阅读的方法

快速阅读的方法需要做到以下几个方面:

第一,选择适当的阅读方法。提高阅读速度的目的,在于使学生阅读任何一种文章时都能达到速度的最合理化。根据阅读内容的不同,可将阅读方法分为高速阅读、中速阅读、低速阅读。

高速阅读一般用于对文章的细节、逻辑关系等不需要仔细推敲与考查时采用的一种阅读方法。高速阅读时,可以采用的方式主要有:首先,快速扫视文章,找到需要的内容再进一步细读,其余不需要的内容一扫而过。其次,选择主要的部分加以阅读,了解基本内容。例如,读一本书,可以重点阅读其目录、前言、内容提要、后记等;阅读某一篇文章,则抓住其标题即可。再次,选择关键词,只阅读文章或书的某一部分,即掌握主要内容。

中速阅读主要用于阅读需要了解内容梗概及部分细节、通俗易懂的文章。

低速阅读则是当面对比较难懂或是需要仔细揣摩其观点、逻辑等的文章时,用这种速度细读。

第二,进行技巧训练。对学生进行专门的技巧训练,帮助学生真正把握快速阅读的实践。主要的训练方式有:

①扩大学生视野范围。学生正常的视野范围是4个字左右,经过训练可以扩大到6个字左右。训练的方法是:给学生一组词汇,让学生盯着看,尽最大努力看到最多的字,词汇的字数由少至多。难度不断加大,反复练习,学生的视野范围必将拓宽。

②计时训练。有的学生阅读时缺乏紧迫感,状态散漫,自然速度提不起来。计时训练就是在规定时间内让学生阅读规定文章,并根据文章内容回答问题。计时训

练能使学生在时间上自我约束，迫使自己定时定量地阅读，久而久之，养成快速阅读的习惯。

③找出关键词的训练。由前面的论述可知，在快速阅读过程中，迅速地找出揭示文章主旨的关键词是多么重要。但是，实践阅读中，大部分学生是不会或是不善于找关键词的。因此，对学生进行找关键词的训练也是一种必然。

二、记忆方法指导

(一) 记忆的重要性

"假如没有记忆力，我们便会成为转瞬即逝之物。从将来看过去，所看到的便是一片片死寂而已。而所谓现在，随着它一分一秒的流失，也会一去不复返地消失在过去之中。基于过去所产生的知识和技能都不可能存在，与个人意识汇成一体的心理生活也不可能存在，就连我们在一生中实际上持续不断地进行的、并且使我们变成了今天这个样子的学习活动也不可能存在。"前苏联心理学家鲁宾斯坦的这段话说明了记忆之于个人的重要意义。对于中学生的学习来讲，记忆是又一项必备的能力。

首先，记忆是学习新知识的基础。学习如同盖高楼，利用记忆将过去的学习经验作为基础一层一层地建起，世界上不存在没有地基的房子。忘记原有的知识，学习新知识，无异于建造空中楼阁。一切后学的知识，都是以先学知识为依据的。

其次，记忆为思维活动提供支持。假设要求计算给定梯形的面积，如果不记得梯形面积公式，问题则无从解决。可见，离开了对事物的记忆，各种思维活动也就失去了原材料。

第三，记忆帮助提高学习效率。许多学习优秀的学生，阅读时，很少查字典，做习题时也基本不需要翻书查找定律、公式等，因为这些知识已经牢牢地储存在其大脑中了。记忆系统中储存着学习所获得的一切成果，在学习新知识时，可以随时取用所需要的内容，从而保证了新知识学习的速度，节省了大量复习时间，使学习效率大幅度提高。

同阅读一样，学生对知识的记忆同样是有技巧性的。掌握不同的记忆方法，可以极大地发挥记忆的功能。

(二) 基本的记忆方法

1. 概括记忆法

中学生所学的各种概念、定义、公式等数量众多、内容复杂，让学生一字一句地全部记住，难度比较大。即便是学生全部记下了，那么提取知识时，难免有混淆的现象出现。因此，把知识的要点概括起来进行记忆，也可以说是一种提高记忆效率的有效方法。概括记忆法主要有以下几种具体形式：

(1) 概括知识的主干。将构成知识的主要成分提取出来，加以记忆，相对比较容易。例如，记忆某个概念时，可以主要记这个概念的主、谓、宾三部分，然后再给这个主干添上枝叶。

例如，在高中政治课《经济生活》单元中有一个专题"生活与消费"。对这部分知识可以主要掌握住其重点：货币的本质与职能、价格变化对生活和生产的影响、影响消费的因素及树立正确消费观；难点：商品的价值量与劳动率的关系，生产、收入、物价、消费的关系。

(2) 将知识点高度浓缩，由一个字、一个词就可以迅速地回忆起全部内容。例如，复习古代史的井田制，可将其内容浓缩为："国王所有，诸侯享用，奴隶耕作，形似井字。"[1]

北魏孝文帝改革的内容是颁布均田令；接受汉族的先进文化，实行汉化政策；迁都洛阳，采用汉族的统治政策。针对这一知识点，可以将其浓缩为六个字——均田、汉化、迁治。

(3) 将高度概括的知识按照内在联系，进行归纳整理，形成有序的知识网络。像串糖葫芦一样将相关的知识点连成一串，可能有效避免对知识的错记、混记等现象。

2.联想记忆法

联想是由一个事物想到其他事物的过程。广泛的联想能够提高记忆力。常用的联想记忆法有：

(1) 对性质相似的知识进行联想记忆。例如，同义词、近义词等。

例如，中学生学习古代汉语，不能靠整天的死记硬背，即便是可以弄懂一些词语，学会一些句式，理解一些含义，但毕竟学习效果差强人意。但是，如果把它和现代汉语联系起来学习，把意义相近的词语或句式放到一起比较异同，就可以实现对古代汉语的更深入理解、更牢固记忆。

(2) 将性质、特点相反的知识放在一起展开联想记忆。例如，反义词，对立的公式、定理等。

(3) 有些知识在逻辑上存在着因果关系，根据他们的逻辑关系进行记忆，相对比较省力。

(4) 时间或空间上比较接近的知识，容易形成联想，适用于联想记忆法。

3.形象记忆法

心理学研究表明，个体对形象、直观的事物记忆的速度快、程度深，而且不容

---

[1] 张全祥、徐艳玲．中学生怎样学习最有效 [M]．天津：天津科学技术出版社，2010：56．

易遗忘。形象记忆法就是以这一规律为依据，借助直观形象加强记忆的方法。具体形式如下：

第一，实物形象。可以利用真正的实物来展现知识所述的内容，例如，了解植物生长的规律，可以让学生亲手种植植物来体会，也可以利用知识的形象性来帮助记忆，例如，把"漏"字形象为屋里进了雨水；外形十分相似的己、已、巳，形象化为开门、掩门、闭门，就不会混淆了。[1]

第二，利用图表形象化。中学所开设的许多学科都可以利用图表来帮助记忆。例如，解数学应用题可以利用条形图来分析题意；地理课中，可以画图来帮助理解各地不同的地域特点。

第三，想象形象化。笔者在初中学习地理时，记忆最深刻的就是学习中国地图，老师让我们把地图想象成一只大公鸡。公鸡的鸡冠是黑龙江，鸡头是吉林，鸡尾巴在新疆……至今仍没有忘记。学习各科知识时，尽可以展开想象的翅膀，将自己置身于一定的情境中，以获得良好的记忆效果。

4.分解记忆法

我们日常生活中是怎样记住手机号码的呢？是把11个数作为一个整体来记，还是将11个数字分成若干部分，分别来记呢？哪一种效果会更好？分解记忆法就是将复杂的、较长的知识点分成几个部分，分别记忆，最终记住全部知识点的方法。这个方法特别适用于英语单词的记忆，将单词划分为前缀、词根、后缀几部分，记起来省时省力。

5.比较记忆法

英语中take、bring、carry、fetch四个词都有"拿、带"的意思，但除此之外，各

---

[1]　刁富生．中学究竟怎样读[M]．北京：海潮出版社，2010：109．

自有特定的含义：take 为"拿走"，bring 为"拿来"，carry 为"去拿来"，fetch 为"背着、抱着、扛着、抬着等，无固定的方向"。通过这样的比较，明确了四个词的含义及各自的用法。比较记忆法通过对既有相似但又有不同之处的知识进行比较，帮助学生把握知识之间的异同点，提高了记忆效率。

6. 口诀记忆法

口诀记忆是一种十分古老的记忆方法，有一些知识的内容比较落后枯燥，难以记忆，通过编制有节奏感的、合辙押韵的口诀便于记忆，也降低了记忆难度。教师应启发中学生自己总结规律，编制口诀，以强化记忆。

编制口诀主要有下面几个原则：第一，缩减。即将知识的关键词提取出来，编制成口诀。第二，特征。是将知识点最主要的特征串联在一起，编成口诀。第三，形象。根据知识点的形象特征，编制口诀。例如，我们小时候熟悉的"1像铅笔，2像鸭子，3像耳朵……"第四，罗列。将较长的、项目较多的、复杂的知识点或材料的要点一一列出来，编成一个口诀。第五，综合。将以上几个原则综合在一起，编成一个口诀。例如，二十四节气歌。

7. 首尾记忆法

心理学中有前摄抑制和后摄抑制的现象，指在认知过程中先识记的材料对后面识记的材料会起到一定抑制作用；而后识记的材料也会对前面识记的材料起到干扰作用。对记忆规律的研究结果表明，在一组材料中位置处于最先和最后的材料，识记起来最容易，识记效果也最好，不容易遗忘。以此为依据，就形成了记忆的首尾法。首尾记忆法主要有两种形式：

（1）分段

分段的方式可以将记忆内容分段，也可把记忆的时间分段。将大篇幅的材料分为几段，这样每段都有开头和结尾，人为地增加了利用首尾法的机会。将学习的时间分段，中间休息10分钟左右，这样又增加了开头与结尾的次数。

（2）调整顺序

先确定材料的重难点，然后将其放在识记过程的开头和结尾，就可以有效地防止前摄抑制和后摄抑制，较好地记住了重难点。

根据学习过程中不同元素的特点与要求，使用与之相适应的学习方法，是中学生取得优异的学习成绩、形成良好的学习习惯、提高学习能力的有效途径。中学生应在学习过程中有的放矢，自觉地应用与总结各种学习方法。

参考文献

著作类

1.张大均.教育心理学[M].北京：人民教育出版社，2005年.

2.黄希庭.心理学导论[M].北京：人民教育出版社，2005年.

3.彭聃龄.普通心理学[M].北京：北京师范大学出版社，2004年.

4.陈琦、刘儒德.当代教育心理学[M].北京：北京师范大学出版社，1997年.

5.学习策略课题组编.学习的策略[M].北京：红旗出版社，1999年.

6.赵建.快速掌握最有效的学习方法[M].北京：海潮出版社，2006年.

7.徐学福、房慧.如何提升学生自主学习能力[M].重庆：西南师范大学出版社，2008年.

8.石柠、贾娟、孟微微.课前预习与课后复习[M].广州：世界图书出版公司，2010年.

9.William H.Peltz 著，蔡艳芳译.中学生有效学习技能指导[M].北京：中国轻工业出版社，2009年.

10.新教育学习研究机构主编.提高成绩，90%靠记忆[M].天津：天津科学技术出版社，2010年.

11.侯书森.中学生高效率学习的必备方法[M].北京：石油工业出版社，2007

年.

12.罗玉兰.中学生怎样学出好成绩[M].天津：天津科学技术出版社，2009年.

13.张全祥、徐艳玲.中学生怎样学习最有效[M].天津：天津科学技术出版社，2010年.

14.刁富生.中学究竟怎样读[M].北京：海潮出版社，2010年.

15.代滢.优秀中学生学习方法[M].北京：蓝天出版社，2010年.

16.黄济、劳凯声、檀传宝.小学教育学[M].北京：人民教育出版社，1999年.

17.陈维莉.对中学生探究性学习的研究[M].上海：上海科学普及出版社，2001年.

18.马联芳、叶传满.中学生研究性学习入门指导[M].上海：同济大学出版社，2001年.

19.冯莉.体验生物科学探究——基于案例的探究活动实验设计[M].北京：高等教育出版社，2004年.

20.任长松.探究式学习——学生知识的自主建构[M].北京：教育科学出版社，2005年.

21.付建中.教育心理学[M].北京：清华大学出版社，2010年.

22.曾琦.学会合作——青少年合作学习指南[M].北京：中央编译出版社，2004年.

期刊类

1.陈卫.中学生学习注意力的培养对策[J].池州师专学报，2004(02).

2.殷学东.培养学生思维能力的教学策略[J].生物学通报，1997(11).

3.张辉洲.运用有效教学策略，培养学生思维能力[J].陕西教育（教学版），2001(01).

4.张景成.培养学生思维能力的课堂教学策略[J].生物学教学,1999(10).

5.任桂梅.推行问题式教学模式,培养学生思维能力[J].考试周刊,2012(13).

6.冯玉玲.小学语文教学中学生想象能力的培养策略[J].教学研究,2011(05).

7.佟艳.培养和提高学生想象力和创造力的方法——"发现和利用"教学体会[J].辽宁教育行政学院学报,2006(02).

8.肖洪茹.利用课堂教学培养学生想象力的四种方法[J].辽宁教育行政学院学报,2004(12).

9.吴洪华、周建春.运用多媒体培养学生的创造想象力[J].中国信息技术教育,2011(22).

10.唐燕.初中语文课堂如何激发和培养学生的想象力[J].素质教育,2011(11).

11.徐登群.创设问题情境,培养创新思维——浅探数学教学中学生思维能力的培养[J].中学理科,2007(03).

12.谢梅.高中生物课堂中比喻的运用——教学案例及评析[J].中学教学参考,2012(14).

13.何昆生.初中数学导入技巧与艺术案例[J].中学教学参考（上旬),2012(19).

14.刘楼."案例导入法"在中学政治课教学中的运用[J].贵州教育,2005(10).